Foto: Epitácio Pessoa (Agência Estado)

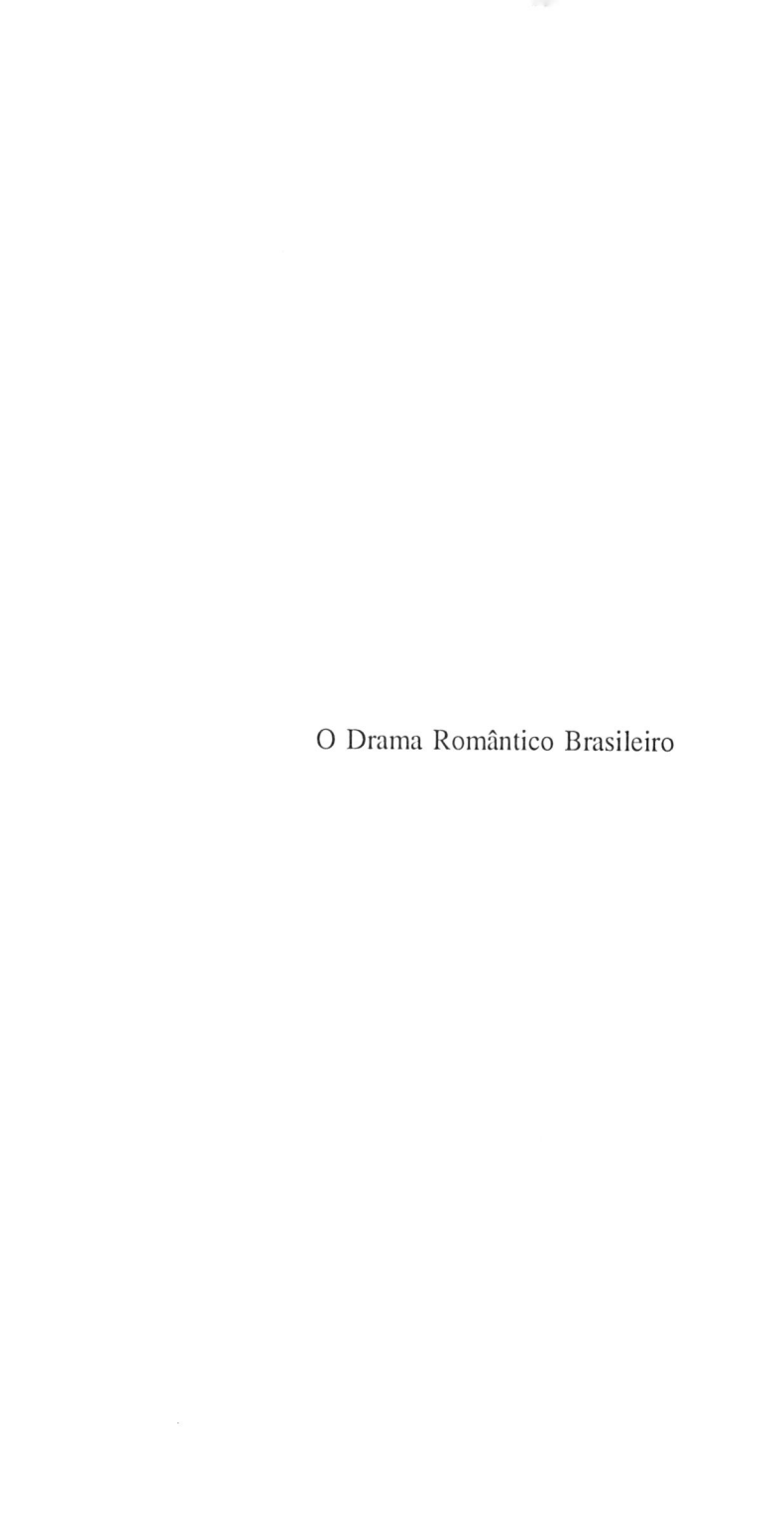

O Drama Romântico Brasileiro

Coleção Debates
Dirigida por J. Guinsburg

Equipe de realização – Revisão: Cristina Ayumi Futida; Logotipo 30 anos: Antonio Lizárraga; Assessoria Editorial: Plinio Martins Filho; Produção: Ricardo W. Neves, Sérgio Coelho e Adriana Garcia.

**décio
de almeida prado**
O DRAMA ROMÂNTICO BRASILEIRO

EDITORA PERSPECTIVA

ISBN 85-273-0094-X

Direitos reservados à
EDITORA PERSPECTIVA S.A.
Av. Brigadeiro Luís Antônio, 3052
01401-000 – São Paulo – SP – Brasil
Telefone: 885-388
Fax: 885-6878
1996

SUMÁRIO

PREFÁCIO 9

1. Entre Tragédia e Drama: Gonçalves de Magalhães 11

2. Entre Drama e Melodrama: Martins Pena, Burgain 53

3. O Drama de Amor: Gonçalves Dias 89

4. Um Drama Fantástico: Álvares de Azevedo 119

5. O Drama Histórico Nacional: Agrário de Menezes, José de Alencar, Paulo Eiró, Castro Alves . . 143

6. Síntese: O Drama Romântico Brasileiro 187

REFERÊNCIA BIBLIOGRÁFICA 199

PREFÁCIO

Se é verdade que os livros dialogam menos com a realidade do que com outros livros, como sustenta certa crítica moderna, quero deixar aqui consignados os laços de parentesco que unem estes ensaios a outros pertencentes à mesma família, como filhos meus que todos eles são. O teatro do século XIX, por marcar no Brasil o início de um processo, tem sido uma das minhas preocupações constantes. A respeito do que se encenou então nos palcos nacionais dediquei dois livros a João Caetano, o nosso maior ator e empresário entre 1833 e 1863. Volto agora a esse período, aproximadamente, examinando as melhores peças escritas por brasileiros, representadas ou não, constituindo aquilo que Alencar, em seus artigos polêmicos sobre *O Jesuíta*, denominou "teatro de papel". Ou seja, teatro conhecido através do livro, não do palco, enquanto texto dramático, não enquanto espetáculo. A justificativa para um estudo dessa natureza está nos nomes literários que envolve, desde

Gonçalves de Magalhães até Castro Alves, passando, entre outros, por Gonçalves Dias, Álvares de Azevedo e José de Alencar.

Mas este livro liga-se também ao que publiquei, recentemente, nesta mesma editora, sob o título *Teatro de Anchieta a Alencar*. Dele tirei o meu atual primeiro capítulo, que reaparece sem modificações, porém com outro nome, por questões de coerência editorial. E com relação ao que escrevi naquele volume sobre o romantismo e a sua chegada ao Brasil, bem como sobre as personalidades de Gonçalves Dias e José de Alencar, interpretadas a partir das peças *Leonor de Mendonça* e *O Demônio Familiar*, não querendo nem me citar nem me repetir em excesso, considerei toda aquela matéria como já estudada e sabida, a exemplo do que sabiamente fazemos, nós professores, quando começamos um novo curso.

Não ignoro que cada livro deve bastar-se a si mesmo. É o que acontece, creio eu, com este. A sua leitura independe de qualquer outra. Mas no meu espírito ele continua de alguma forma o que andei escrevendo sobre o assunto.

Não quero encerrar antes de agradecer a Vilma Areas pela leitura e correção de alguns e a João Roberto Faria pela leitura e correção de todos os capítulos deste livro. Esses serviços que prestamos uns aos outros, essas colaborações espontâneas, carregadas de afetividade, são das coisas mais agradáveis da vida universitária, na qual trabalhamos sempre tendo em vista um objetivo maior do que a contribuição particular de cada um.

D.A.P.

1. ENTRE TRAGÉDIA E DRAMA: GONÇALVES DE MAGALHÃES

> *E assim, como onde há pátria e liberdade a virtude em sumo grau está em defendê-la e morrer por ela, assim também onde a tirania se acha firme e inabalável, não pode haver maior glória que a de generosamente morrer, para não viver escravo.*
>
> VITTORIO ALFIERI

1

Ninguém negará a Domingos José Gonçalves de Magalhães (1811-1882) no mínimo duas grandes virtudes: historicamente, ter percebido antes de qualquer outro a necessidade de renovar a literatura nacional, usando para tanto, ao lado da poesia, o teatro; esteticamente, ter tentado distinguir o drama romântico da tragédia clássica em nível de acuidade conceitual até então inédito em âmbito brasileiro.

Parte dessa superioridade sobre os coetâneos provinha de sua experiência européia, dos anos que passou, entre 1833 e 1837, em países como a França e a Itália. Ele teve assim a oportunidade tanto de enxergar e julgar o Brasil à distância, beneficiando-se da mudança de perspectiva, quanto de presenciar, no centro dos acontecimentos, a luta que travavam os últimos herdeiros do século XVIII e os jovens e iconoclastas representantes do século XIX. Debate teórico e prático que se desenrolava em torno dos palcos parisienses, onde a tragédia estava sendo posta em questão depois de reinar por cerca de duzentos anos. Aí, na capital do mundo civilizado, é que se decidiria a disputa. A importância atribuída subitamente ao teatro, como guardião do classicismo de Racine e Boileau, chamou sobre ele a atenção de todos os escritores, não apenas dos especialistas do gênero. Se Vigny, Musset, Balzac, na França, acudiram ao apelo de Victor Hugo e Alexandre Dumas, a ascensão do romantismo atrairia aos palcos nacionais poetas como Gonçalves Dias, Álvares de Azevedo e Castro Alves, romancistas como Macedo e Alencar. Escrever uma peça, comunicar-se de forma direta com o público, passou a ser a prova que daria – ou não – acesso à celebridade. Ora, Gonçalves de Magalhães, bem ou mal, foi quem encabeçou no Brasil essa extensa e ilustre fila.

Ele mesmo, com perfeita compreensão do papel que lhe coubera, reivindicou tal primazia no prefácio de *Antônio José ou O Poeta e a Inquisição,* publicado em 1839: "Lembrarei somente que esta é, se me não engano, a primeira Tragédia escrita por um Brasileiro, e única de assunto nacional"[1]. Desculpemos de passagem a redundância – se a peça era a primeira, tinha de ser única em tudo –, para detectar, já aqui, a ambigüidade que marcará o seu teatro. O fato do tema ser brasileiro – o que é muito discutível – não se devia ao acaso, correspondendo a um intuito programático do autor. Não deixou ele dúvida sobre esse tópico,

---

1. D. J. Gonçalves de Magalhães, *Tragédias,* Rio de Janeiro, Garnier, 1865, p. 7. O prefácio intitula-se "Breve Notícia Sobre Antônio José da Silva". As próximas citações virão da mesma fonte, pp. 3-8.

reiterando-o de maneira ainda mais clara: "Desejando encetar minha carreira dramática por um assunto nacional [...]".

A intenção nacionalista tinha por fito substituir o homem universal, substancialmente o mesmo em todas as latitudes e longitudes, e cujo modelo ideal estaria na Grécia e na Roma clássicas, pelo homem histórico, subordinado ao tempo e ao espaço, que a ficção romântica reproduziria através da "cor local" – a forma, o modo, o sabor de cada século e de cada país. Mas essa aparente opção pelo romantismo aparece rejeitada, na mesma frase, quando Gonçalves de Magalhães classifica a sua peça como tragédia (ou melhor, Tragédia, para conservar-lhe a majestade), palavra que, naquele momento, representava uma escolha e um compromisso.

O prefácio de *Antônio José* destina-se, em boa parte, a justificar essa duplicidade. Diz ele: "Não faltarão acusações de todos os gêneros. Talvez tenham razão, sobretudo se quiserem medir esta obra com o compasso de Aristóteles e Horácio ou vê-la com o prisma dos Românticos". Já se percebe, pelo tom, que a obrigatoriedade de alinhamento num dos campos é exatamente o que Gonçalves de Magalhães desejava evitar. Ele queria, enquanto criador teatral, colocar-se à margem e acima dessa polêmica, numa terceira posição: "Eu não sigo nem o rigor dos clássicos, nem o desalinho dos segundos" (isto é, dos românticos); "não vendo verdade absoluta em nenhum dos sistemas, faço as devidas concessões a ambos". É pena que este ecletismo literário, calcado no ecletismo filosófico de Victor Cousin, seja traído pela expressão. Os qualificativos que caracterizam cada escola (um termo positivo como "rigor" contrapondo-se ao negativo "desalinho") revelam indiscretamente para que lado pendia o seu coração, se não o seu pensamento – para os clássicos, evidentemente. A dificuldade de equilibrar-se entre extremos que se excluíam acaba por ditar-lhe uma retificação final, entre modesta e individualista: "ou antes, faço o que entendo e o que posso". Como quem diz: o poeta não tem de dar satisfação quanto às escolhas subjacentes à sua obra. Esse é um feudo que lhe pertence e a ninguém mais. Antes de se despedir desta delicada parte

13

teórica, ele lança ainda uma farpa preventiva, de contra-ataque antecipado: "Isto digo eu aos que ao menos têm lido Shakespeare e Racine". Não seriam muitos no Brasil, pelos seus cálculos.

O fio da argumentação, interrompendo-se aqui, reata-se em 1841, no Prólogo do *Olgiato,* a sua segunda e última tragédia. Nada se alterara basicamente. Mas desta vez as idéias surgem mais nítidas, o raciocínio apresenta outra consistência. O romantismo também se modificara. Se era agora o ar que todos respiravam e que a poesia lírica em especial sorvia como um perfume inebriante à alma e aos sentidos, no teatro, em contrapartida, perdera, com a agressividade primitiva, a fé juvenil em si mesmo. Ficara mais fácil criticá-lo, desprender-se dele. Foi o que fez Gonçalves de Magalhães, confessando candidamente que em vão procurara afeiçoar-se à peça romântica:

> Não posso de modo algum acostumar-me com os horrores da moderna escola; com essas monstruosidades de caracteres preternaturais, de paixões desenfreadas e ignóbeis, de amores licenciosos, de linguagem requintada à força de querer ser natural; enfim, com essa multidão de personagens e de aparatosos *coups de théâtre,* como dizem os franceses, que estragam a arte e o gosto, e convertem a cena em uma bacanal, uma orgia da imaginação, sem fim algum moral, antes em seu dano[2].

A condenação não podia ser mais radical, fulminando o drama de alto a baixo, em seus processos dramatúrgicos (elaboração de personagem, diálogo, enredo), em sua concepção da peça como o retrato de uma pequena coletividade, à maneira shakespeariana, e, acima de tudo, em seu modo de encarar o homem e a própria obra de arte. O romantismo pecaria por excesso, quer ao aproximar-se, quer ao afastar-se da realidade. Desprezando a racionalidade em proveito da mais exaltada passionalidade, acabaria caindo na "bacanal", na "orgia da imaginação" – imagens adequadas para sugerir a aliança entre a desordem e a imoralidade.

---

2. Gonçalves de Magalhães, *op. cit.*, p. 136. O Prólogo todo, citado a seguir, aparece nas pp. 131-138.

Esse desabafo, brotado das camadas mais profundas da personalidade, serve ainda ao autor para introduzir a sua defesa no que diz respeito a uma possível falha estrutural de *Olgiato:* o não ter colocado no palco, enfrentando o público e as demais personagens, a figura sinistra do Duque de Sforza (Sforça, na versão nacional), contra a qual se arma a conspiração chefiada por quem dá nome à peça. Gonçalves de Magalhães sentia-se na obrigação de desculpar-se por essa estranha omissão – uma tragédia sem antagonista visível –, "porque já houve quem por isso amargamente me censurasse".

Se eu introduzisse Galeazzo em cena [pondera] ver-me-ia forçado, para conformar-me ao gosto do tempo a dar-lhe o seu torpe e infame caráter, o que, além de vexar o ator que o interpretasse, incomodaria os espectadores e ofenderia a moral pública, coisa de que tão pouco entre nós se cuida.

Após enumerar algumas das indignidades cometidas pelo *condottiere* milanês, arremata, como em desafio:

Tal era o Duque Galeazzo Sforza! E quereriam os apaixonados da *realidade natural* vê-lo assim em cena?
Não citarei Racine: ouçamos o mestre, em cuja sabedoria se apóiam. Mr. [sic] Victor Hugo, distinguindo a realidade segundo a arte, da realidade segundo a natureza, diz: há inconseqüência (*étourderie*) em confundi-las, como fazem alguns partidistas do *Romantismo* pouco adiantados. A verdade da arte jamais poderá ser, como pretendem muitos, a realidade absoluta.

Gonçalves de Magalhães tocava aqui num dos pontos centrais do Prefácio do *Cromwell* (citado por ele ao pé da página). Toda a primeira parte do manifesto romântico dedica-se a provar que entre o escritor e o mundo, ou mais romanticamente, entre o gênio (quem não for gênio, que não escreva) e a natureza, não se deve admitir nenhuma espécie de mediação teórica. O poeta dá lições, não as recebe dos pedantes. Preocupado em combater o dogmatismo clássico arriscava-se Victor Hugo, aparentemente, a negar validade a toda e qualquer poética. Aproximava-se desse modo do mais elementar realismo: "a natureza, portanto!

15

A natureza e a verdade". Mas o poeta francês nunca ignorara, de fato, o perigo de cair na trivialidade, na transcrição pura e simples do comum ("o comum é o defeito dos poetas de vista curta e de fôlego curto")[3]. Empreende então uma reviravolta rumo à edificação de um novo código literário, de uma poética romântica, que chega a esboçar, sem nunca dar-lhe contornos tão sólidos como os que pretendia derrubar, porque o romantismo, postulando como princípio a liberdade, não podia, sem se contradizer, fechar-se em regras absolutas. Na condição de movimento amplo, mais criador que doutrinário, tinha de manter-se aberto, sujeito a variações pessoais e até a correntes contrárias entre si.

De qualquer forma, este distanciar-se da natureza, para Victor Hugo, visava a obter mais arte, mais poesia, não a elidir a imoralidade, a fealdade física ou espiritual, como parece interpretar Gonçalves de Magalhães. As imperfeições do mundo, transfiguradas pelas mãos mágicas do escritor, hábeis em confrontar e harmonizar o sublime e o grotesco, a parte alta e a parte baixa do homem, integram-se sem dificuldade na literatura, como as gárgulas nas catedrais góticas. Em tese, tudo seria suscetível de ser tratado pela ficção – preceito formulado timidamente pelo romantismo e que os séculos XIX e XX explorariam à exaustão.

Outro tópico do Prefácio do *Cromwell*, importante por fundamentar a teoria da "cor local", é rejeitado de passagem pelo autor brasileiro: "e se Mr. V. Hugo pretende que o Poeta deve *procurar, não o belo, sim o característico,* reduzindo destarte a Poesia a um Daguerreótipo de palavras, não faltará quem lhe responda que o característico serve à Poesia, mas não a constitui".

Desbastado o terreno literário, repelida a cota realista do romantismo (cota reduzida, *sui generis,* porém imprescindível para que a modernidade, inclusive a da língua francesa corrente, ingressasse no palco), restava para liquidar de vez a questão, o lado mais prezado por Gonçalves de

---

3. V. Hugo, *op. cit.*, Tomo I, p. 35

Magalhães – o filosófico. Quem toma a palavra é o seu mestre na matéria:

> Permitam que eu cite a autoridade de um grande Filósofo: Posto que a arte seja livre [diz Mr. Cousin], não pode contudo escolher outro fim que não seja a beleza moral: nos meios de exprimir é que está a liberdade da arte. Assim todo artista que, tomando em sério a natureza, contentar-se em copiá-la fielmente, cairá da fileira do artista para a dos obreiros[4].

Em suma, afirmava-se em teoria, negava-se na prática a liberdade da arte. Tolhendo-se os fins, tolhiam-se automaticamente os meios – e estava resolvido o importuno problema. Outros pensadores hostis ao teatro, ou aos poetas "imitadores da má natureza", são trazidos à baila, como Platão, na *República,* e Rousseau, certamente na *Lettre à D'Allembert,* embora este título não seja mencionado.

O Prólogo do *Olgiato,* repetindo o prefácio de *Antônio José,* tenta outra vez apresentar o autor como eqüidistante entre o classicismo e o romantismo, porém de novo essa intenção é atraiçoada pelas palavras: "não me desgosta o emaranhamento e complicação do enredo dramático, nem me desagrada a barafunda romântica; mas dou o devido apreço à simplicidade, energia e concisão das tragédias de Alfieri e de Corneille". De um lado, formas verbais negativas: não me desgosta... nem me desagrada...; de outro, positivas: dou todo o devido apreço... De um lado, termos depreciativos: emaranhamento, complicação, barafunda. De outro, valorizativos: simplicidade, energia, concisão. Singular ecletismo esse, que deixa tão desastradamente à mostra as simpatias que preferiria esconder.

Até esta altura Gonçalves de Magalhães limitara-se a comentar textos alheios ou a apoiar-se sobre eles, emitindo uma ou outra opinião, quase sempre referente à sua obra ou à sua posição pessoal. Agora, já quase ao término deste não disfarçado *Pro Domo Sua,* cria coragem e traça um

---

4. Indicação em pé de página: *Cours de Philosophie sur le fondement des idées absolues du Vrai, du Beau et du Bien.* Na edição de 1836, possivelmente a lida por Gonçalves de Magalhães, o trecho citado encontra-se na p. 268.

paralelo entre drama e tragédia que, sem ser de todo original (e dificilmente o seria), representa assim mesmo o ponto mais elevado da reflexão romântica brasileira sobre o assunto:

> Tragédia e Drama coisas são diferentes; cada qual pede a sua crítica especial, como a história e a crônica, o geral e o individual, a moralidade e o fato, o necessário e o contingente; não que se excluam os termos das antíteses, mas o predomínio de uma destas categorias constitui as diferenças das duas composições.

A redução à essência, típica da filosofia, desloca a discussão para outro plano, longe das considerações literárias ou teatrais, bem como da crítica de qualidades e defeitos. Reportando-se a instâncias diversas da realidade (necessidade e contingência) ou a modos diversos de percebê-la (geral e individual), a comparação, aliás mais sugerida que afirmada, permite a Gonçalves de Magalhães alcançar pela primeira vez o seu objetivo declarado, o de se situar por fora, não por dentro da polêmica classicismo *versus* romantismo. Livrando-se da participação emocional, ele adquire certa objetividade, ainda que metafísica.

As antíteses propostas não são alheias às que Victor Cousin semeou em dois de seus livros publicados ou republicados na ocasião, o *Cours de Philosophie* (escrito, com autorização do autor, por um ex-aluno, sobre anotações de aula), de 1836, e os *Fragments Philosophiques,* de 1838. Nem todos os conceitos invocados neles são de fácil definição, como o de "necessidade", mais apropriado talvez à mitologia e filosofia grega do que ao universo cristão em que se moviam o escritor francês e o brasileiro. Mas o sentido genérico da comparação não parece obscuro.

O drama estaria mais próximo da realidade de todos os dias, a exemplo das crônicas da Idade Média, individuais por prestar testemunho sobre determinados acontecimentos e pessoas e ainda por descer a minúcias de natureza estritamente privada. Importar-se-ia com o que acontece, com o lado empírico das coisas. É a "cor local", correspondente, grosso modo, ao que os franceses chamam de *petite histoi-*

re. A tragédia, ao contrário, adotando um ângulo de visão abrangente e distanciado, buscaria apreender a significação moral e racional do mundo, tendo a preocupação de extrair lições universais. O drama mostraria o real, a tragédia o interpretaria, como faz, segundo esta concepção, a história. Compreende-se melhor tal raciocínio quando se recorda que Alexandre Dumas escandalizou os clássicos, em 1829, no drama *Henrique III e sua Corte,* ao colocar fidalgos da mais alta hierarquia divertindo-se em cena com *bilboquets,* sob o pretexto, quem sabe exato, de que o jogo entrara na moda naquele preciso momento histórico. O romantismo chocava não apenas pela imoralidade ocasional como pelo prosaísmo com que rompia deliberadamente a nobreza da arte clássica.

As idéias expendidas no Prólogo do *Olgiato* vinham de longe, pelo menos desde a *Poética* de Aristóteles. O filósofo grego, no capítulo concernente ao teatro, distinguindo o historiador do poeta dramático, diz, com efeito, que eles "diferem entre si porque um escreve o que aconteceu e o outro o que poderia ter acontecido. Por tal motivo a poesia é mais filosófica e de caráter mais elevado que a história, porque permanece no universal e a história estuda apenas o particular"[5]. Transpondo, concluir-se-ia que tragédia e drama existiriam em níveis diferentes, sendo a primeira poética e universal, o segundo realista e histórico.

O ecletismo teatral, entendido como terceira posição entre clássicos e românticos, não era invenção de Gonçalves de Magalhães. Émile Adet, escrevendo em 1851 na prestigiosa *Revue des Deux Mondes,* reservou algumas linhas para as tragédias do escritor brasileiro, "nas quais a forma antiga, aliando-se ao gosto moderno, lembra o fazer harmonioso de Casimir Delavigne"[6].

---

5. Aristóteles, *Arte Retórica e Arte Poética,* tradução de Antônio Pinto de Carvalho, São Paulo, Difusão Européia do Livro, 1959, p. 286.
6. É. Adet, "Le Brésil en 1850", *Revue des Deux Mondes*, 15 de março de 1851, p. 1087.

Ora, o autor de *Marino Faliero,* drama estreado em 1829 e que apresenta alguma analogia com *Olgiato,* já se manifestara a esse respeito no posfácio de sua peça:

> Dois sistemas dividem a literatura. Em qual dos dois foi concebida esta obra? É o que não decidirei e que de resto me parece de pouca importância. A razão mais vulgar requer hoje em dia tolerância em tudo; por que os nossos prazeres seriam os únicos excluídos desta lei comum?[7]

É possível pensar que para Delavigne, cerca de dez anos mais velho que Victor Hugo e Dumas, o triunfo do romantismo haja chegado tarde, quando a sua formação literária, sem excluir a da sensibilidade, já se completara. Aceita a hipótese, seria ela extensível porventura a outros cultores ilustres do ecletismo, substituindo-se, no entanto, a diferença de idade pela distância cultural existente entre o meio em que se tornaram homens de letras e o centro decisório do teatro universal, ou seja, naquelas décadas, Paris. Teríamos então o caso não só de Gonçalves de Magalhães como de dois introdutores do teatro romântico em países ibéricos: Martinez de la Rosa, na Espanha, Almeida Garrett, em Portugal. Todos os três beberam o romantismo na fonte, em passagens mais ou menos demoradas pela França. Mas só o fizeram depois de impregnados da cultura clássica, com carreira literária em andamento e livro publicado, o que não lhes concederia talvez outra escapatória senão a do meio termo.

Martinez de la Rosa, no posfácio de *A Conjuração de Veneza,* peça que exerceu não pequena influência sobre Gonçalves de Magalhães, escreveu: "Em meio à guerra encarniçada que mantêm hoje os dois campos literários opostos, creio que sobre este ponto, assim como sobre muitos outros, a verdade está no justo meio" (tradução ao pé da letra do famoso *juste-milieu* francês.) E a sua definição de drama traduz em palavras simples o que o Prólogo do *Olgiato* iria dizer em jargão filosófico:

---

7. C. Delavigne, *Oeuvres Complètes,* nova edição, Paris, Garnier, s/d, p. 382.

Em geral o *drama histórico* não requer quiçá tanta elevação como a tragédia; admite com menos dificuldades pessoas de condição mais chã, desce com prazer a pormenores mais leves, acerca-se mais da vida comum [...][8]

Quanto a Garrett, ele se pronunciou a favor do ecletismo, com ênfase progressiva, nos vários prefácios e notas com que foi enriquecendo as edições de *Catão,* uma de suas tragédias neoclássicas da juventude. Em 1830 descreveu-se como "nem caminhando de olhos fechados pelo estreito e alinhado carreiro de Racine, nem desvairando à toa pelas incultas devesas de Shakespeare [...]". Em 1839, acrescentou, com o seu peculiar grão de humor:

> Estas guerras de *alecrim e manjerona* em que andaram clássicos e românticos por esse mundo, e que já sossegaram em toda parte, vão a começar por cá. [...] Quanto a isso, só quero aqui reiterar os meus antigos protestos de que não sou clássico nem romântico: por quê? Porque tratei de saber o que era uma coisa e o que era outra antes de me apaixonar por nenhuma. Sucedeu-me o que me tem sucedido em tudo, e a todos sucederá que o fizerem: achei razão a uns e a outros, segui-os nela, e deixei-os brigar no mais – que não vale a pena a briga.

Não foi de outro modo que o compreendeu um crítico, em 1840, por ocasião da encenação de *Um Auto de Gil Vicente,* a primeira peça romântica de autor português a subir ao palco. Garrett foi então considerado o

> que talvez se possa chamar *clássico-romântico,* ou romântico moderado. [...] Contudo algumas cenas alegres [da peça] são afinadas pelo tom das de *D. João de Áustria* de Delavigne que, assim como o nosso compatriota, tem desprezado os asquerosos, ainda que fortes efeitos da orgia trágica e das bacanais de coturno[9].

Orgia, bacanal – diríamos estar lendo com antecipação o que escreveria Gonçalves de Magalhães no Prólogo do *Olgiato.* Ou houve uma involuntária reminiscência de lei-

---

8. F. Martinez de la Rosa, *Obras,* Tomo I, Madrid, Atlas, 1962, p. 291.
9. Almeida Garret, *op. cit.,* vol. II, pp. 1614, 1619, 1331. A crítica citada é de Anselmo Braamcamp Junior.

21

tura ou essas fortes palavras já se tinham tornado usuais no combate aos excessos românticos.

Não faltavam, portanto, escritores – e dos bons – para ocupar o espaço vazio deixado entre clássicos e românticos. Dos bons – mas talvez não dos melhores. Quer dizer, daqueles que, ou favorecidos pela oportunidade histórica, ou mais confiantes em si, ou mais convencidos da boa causa, ou simplesmente mais talentosos, jogaram tudo na cartada da renovação. Henri Heine, dotado não menos de agudeza crítica que de gênio poético, condenou, em 1838, o "estilo hermafrodita" das peças que, como para agradar ao mesmo tempo o público velho e o público jovem, fazem uma "mistura do clássico e do romântico, espécie de trágico *juste-milieu*"[10] – e a palavra fica em francês mesmo, para não perder a cor local.

É possível que a razão esteja com ele. Sempre que há uma reviravolta histórica, uma negação violenta do passado, os mais radicais, os que assumem plenamente os ônus da mudança, são os que ficam, até como símbolos, na história da literatura e da arte. Delavigne, apesar do seu "fazer harmonioso", desapareceu. Martinez de la Rosa, Garrett, Gonçalves de Magalhães permanecem sobretudo na medida, muito desigual entre eles, em que foram de fato precursores – ou do romantismo ou do reerguimento do teatro nacional. E de toda esta safra dramática só uma peça sobreviverá no repertório: *Frei Luís de Souza,* do poeta português que dizia não ser clássico nem romântico, sendo, no palco, ambas as coisas.

2

Quando Gonçalves de Magalhães, ainda na Europa (a peça foi terminada em 1837 na Bélgica), resolveu escrever uma tragédia, menos sobre a vida que sobre a morte de

---

10. H. Heine, *De la France,* 2ª ed., Paris, Michel Levy Frères, 1866, pp. 291-293.

Antônio José da Silva, o que se sabia a respeito do escritor português era quase nada. Dois fatos, entretanto, ninguém do mundo literário ignorava: ele escrevera comédias de grande sucesso e morrera garrotado e depois queimado pela Inquisição, em auto-de-fé realizado em 1739. Esse final cruento, tão em desacordo com a fantasiosa comicidade de suas peças, parece ter calado fundo na imaginação popular, juntando para sempre o seu nome à causa de sua condenação: Antônio José, o Judeu (por antonomásia, como se nunca tivesse havido outro judeu na história de Portugal).

Cem anos de silêncio, motivado talvez em parte pelo temor – com a Inquisição não se brincava – apagara quase todos os resquícios de sua existência material, deixando-o como suspenso no ar: um escritor, não tão remoto assim, do qual só se conhecia, além da obra, as circunstâncias macabras de sua morte. O resto, o pouco que subsistira dele enquanto homem, jazia guardado no arquivo da Inquisição (extinta em 1821), sendo desvendado aos poucos no correr do século XIX, sobretudo em sua segunda metade, através de pesquisas pioneiras que culminaram com a publicação integral do seu processo. E é dessa fonte, não isenta de suspeição, que decorre o nosso parco e duvidoso conhecimento sobre ele.

As suas "óperas", publicadas anonimamente em 1744, nos dois primeiros volumes da coletânea *Teatro Cômico Português* (há outras peças possivelmente suas, mas de autoria insegura), passavam também por um eclipse crítico, desde que os modelos espanhóis e italianos haviam cedido lugar, principalmente entre os eruditos, ao teatro clássico francês, nas suas duas versões, a trágica e a cômica.

A censura oficial de fins do século XVIII, exercida não raro com laivos literários, considerava perempto todo esse repertório recentemente passado. Numa de tais sentenças censórias critica-se uma "informe tragédia", porém com uma ressalva:

posto que não hajam [nela] aqueles destemperados absurdos que o autor do *Teatro Cômico Português* espalhou com pródiga mão pelas suas chamadas Óperas, hoje totalmente condenadas e proscritas.

Outra sentença, do mesmo ano de 1799 e da mesma ilustrada pena, refere-se nominalmente a originais de Antônio José:

> Também aqui não se acham transformações, como nas *Variedades de Proteu,* nos *Encantos de Medéia,* e em outras chamadas óperas, que compõem o nosso *Teatro Cômico Português,* cheias todas destas charlatanarias e ridículas visualidades, que só podem agradar a crianças e à estúpida plebe [...][11].

O que essas palavras visavam, mais do que esta ou aquela peça, era a poética teatral barroca, rica em "visualidades" (efeitos cenográficos) e "transformações" (metamorfoses sofridas pelas personagens), efetuadas em cena aberta, isto é, à vista do público, nivelando aparentemente as "óperas" de Antônio José (escritas aliás para bonecos, o que já se ia esquecendo) às "mágicas" teatrais desse fim de século XVIII, que viviam não do texto mas da técnica e da capacidade de invenção de cenógrafos e maquinistas.

A *Memória Sobre o Teatro Português,* lida na Academia Real das Ciências de Lisboa em 1817, retrata bem de que forma, cheia de incertezas e ambigüidades, era visto Antônio José antes de começar a sua ressurreição crítica, ainda hoje em andamento. Diz esse estudo, de caráter quase oficial:

> Entretanto a Ópera Italiana, transplantada para Lisboa e aqui sustentada pela magnificência d'El Rei D. João V, fez nascer ainda um gênero monstruoso de espetáculo: falo das Óperas Portuguesas, representadas nos Teatros públicos do Bairro Alto e da Mouraria desde o início de 1733 até o de 1741. Estas peças, que aliás não são estimáveis, nem pelo enredo, nem pelo estilo e linguagem, têm muita graça cômica, e (se me é lícito assim dizê-lo) uma certa originalidade que debalde se procura em todos os nossos Dramáticos do século antecedente. Não se sabe o verdadeiro autor de todas aquelas Óperas: elas se atribuem em grande parte a Antônio José da Silva, Poeta menos conhecido pelas ações de sua vida do que pelo seu trágico fim[12].

---

11. Cf. L. Carreira, *O Teatro e a Censura em Portugal na Segunda Metade do Século XVIII,* Lisboa, Imprensa Nacional, 1988, pp. 447, 103.
12. *Memórias da Academia Real das Ciências de Lisboa,* Lisboa, 1818, pp. 74-75. O autor da referida *Memória* é Francisco Manoel Trigozo d'Aragão Morato.

Foi essa a imagem de Antônio José, mistura de qualidades pessoais e defeitos de escola literária, que Gonçalves de Magalhães recebeu de Portugal, acrescida de alguns dados positivos que ele consigna no prefácio de sua tragédia, como data e local de nascimento do comediógrafo (Rio de Janeiro, de onde saiu menino para Portugal, com a família já na mira da Inquisição) e os estudos de Direito efetuados na Universidade de Coimbra.

Ferdinand Denis, através de dois livros[13], forneceu-lhe outras informações, infelizmente inexatas, mas sobre as quais o escritor brasileiro ergueu o seu enredo. O próprio Gonçalves de Magalhães assim resumiu essa imaginosa versão:

Em vão o Conde de Ericeira, então literato de grande nota, e legislador do parnaso luso, o aconselhava a imitar a Molière, como ele em tudo imitava, e seguia a Boileau, de quem traduziu em português a *Arte Poética*. Antônio José ouvia os conselhos do seu nobre amigo, admirava Molière, mas seu gênio era outro. Apesar dos seus defeitos, mereceu a denominação de Plauto Luso[14].

Nenhum documento da época comprova qualquer tipo de relação, de admiração artística ou de simples amizade, entre o jovem Antônio José e o sessentão D. Francisco Xavier de Menezes, quarto Conde de Ericeira, que efetivamente traduzira em 1697, sem publicá-la, a *Arte Poética* de Boileau. A hipótese lançada por Ferdinand Denis – as suas afirmações entremeiam-se com um *dit-on,* um *on assure,* traduzíveis por dubitativos "dizem", "assegura-se" – repousa, a nosso ver, sobre várias falhas de visão histórica.

Primeiro, acreditar que Portugal possuía então uma comunidade literária suficientemente forte para aproximar e tornar amigos um nobre da mais alta estirpe, como o Conde,

---

13. F. Denis, *Resumé de l'Histoire Littéraire du Portugal,* Paris, Lecointe et Durey, 1826; *Chefs-D'Oeuvre des Théâtres Étrangers, Théâtre Portugais,* Paris, Repilly, 1827. Neste volume Ferdinand Denis traduz quatro peças lusas, inclusive o *D. Quixote* de Antônio José, além de fazer uma introdução histórica sobre o teatro português.
14. D. J. Gonçalves de Magalhães, *op. cit.,* p. 4. As citações seguintes virão da mesma fonte.

e um escritor em começo de carreira, praticamente desconhecido (não há alusões às suas peças no processo da Inquisição), e ainda por cima cristão-novo, como Antônio José. Segundo, atribuir ao teatro português um peso e uma importância social que ele não possuía e nunca chegará a possuir no século XVIII, não obstante as tentativas feitas pelos Árcades para elevá-lo entre os gêneros literários. Terceiro, tudo relacionar à França, considerando outros ciclos teatrais, a exemplo do ibérico, não mais do que simples desvios da norma clássica, atribuíveis ao atraso, à ignorância, à falta de orientação doutrinária, falhas que uns bons conselhos sanariam.

Antônio José não podia tomar Molière como modelo (pelo menos o Molière admirado por Boileau, o autor de *Le Misanthrope*, não o de *Les Fourberies de Scapin),* porque era português, setecentista, barroco, popularesco, representando não para a corte mas para platéias acostumadas a ouvir com prazer as grosserias, as referências chulas a necessidades fisiológicas, que Ferdinand Denis recusava-se a traduzir. Classificá-lo de "Plauto Luso", nessas circunstâncias, equivalia a uma saída honrosa: dava-se-lhe um lugar na fileira dos autores clássicos, ou tidos como tal, mas relegando-o aos primórdios da arte cômica.

Todas essas prevenções estéticas, comuns em princípios do século XIX não menos em Portugal do que na França, passaram com maior ou menor força à peça de Gonçalves de Magalhães, causando-lhe distorções que seriam fatais se o seu objeto fosse de fato a personalidade de Antônio José da Silva, tal, por exemplo, como se poderia reconstituí-la ou imaginá-la a partir de suas chamadas "óperas", na realidade réplicas farsescas, com endereço local, à nobreza e à fama européia da ópera italiana. Nada, no entanto, mais distante dos propósitos do escritor brasileiro. Ele se propunha a escrever tragédias, não dramas, como dirá a propósito de *Olgiato,* tencionando trabalhar dentro da universalidade da história, não restrito às particularidades da crônica. A ignorância dos fatos, diz ele no prefácio da peça, representa por esse lado um ganho efetivo: "do silêncio da História se aproveita com vantagem a Poesia".

Desta perspectiva, tendente ao abstrato, pouco simpática ao empírico, bastava para compor uma tragédia o pouco que se sabia sobre Antônio José. A sua morte infamante em praça pública atendia por si só aos dois fins que Gonçalves de Magalhães tinha em vista: denunciar a tirania exercida pela Inquisição, em conseqüência de uma interpretação errada do espírito do cristianismo; e tirar do esquecimento a figura de um artista incompreendido, de um gênio literário esquecido ou sacrificado pela sociedade, a exemplo de tantos outros evocados pela literatura recente, um Tasso, um Chatterton, dramatizados por Goethe e por Vigny, ou Camões, celebrado por Garrett num poema que terminava com esta nota entre indignada e melancólica:

> Nem o humilde lugar onde repousam
> As cinzas de Camões, conhece o Luso.

Não admira, pois, ou não admira tanto, que na tragédia brasileira as farsas de Antônio José sejam promovidas a dramas e que ele próprio ascenda de comediógrafo a pensador (por seus lábios, de uma só vez, numa só tirada, perpassam os nomes de sete filósofos gregos) e até, potencialmente, a estadista, conforme pondera gravemente o Conde de Ericeira:

> É um homem de gênio. Assim o Estado
> Soubera aproveitar o seu talento.

O diálogo entre o Conde e Antônio José, colocado no terceiro dos cinco atos, bem no centro da peça, embora não tenha qualquer conteúdo dramático, esfriando ao contrário a ação com as suas cogitações teóricas, justifica-se ao trazer à tona a verdadeira intenção do texto, não tanto a de contar a vida de um determinado indivíduo como a de tirar da história uma série de lições – estéticas, políticas, morais, filosóficas. O encontro dos dois escritores, ambos representando posições ideológicas do próprio Gonçalves de Magalhães, permite que se desenhe sem dubiedade, através de conceitos claramente expressos, o liberalismo racionalista que, para o autor, constituía o cerne de sua tragédia.

Esse pensamento pode esquematizar-se da seguinte forma. A razão, entendida não apenas como fonte da ciência e da filosofia, mas, igualmente, como prudência no pensar e ponderação no agir, só floresce onde não sofre restrição de espécie alguma, nem mesmo as de ordem religiosa. Compete a ela governar quer o mundo real, quer o mundo fictício da literatura, que, ao reproduzir o outro em plano imaginário, tem por obrigação encaminhá-lo para o Bem. Decorrem daí tanto a prioridade moral atribuída aos "Literatos" (hoje diríamos "intelecuais"), como a pesada responsabilidade social que lhes cai sobre os ombros ("Nós que somos Poetas e Filósofos, / Que temos por dever servir de exemplo"), tudo isso numa linha de pensamento paralelo à desenvolvida por Platão na *República*.

A influência do romantismo, contudo, inescapável logo após 1830, não dispensa, ao lado desse ideal de ordem, de racionalidade pura, ligado ao classicismo, o conceito, de certo modo antagônico a esse, de genialidade, que impregna o texto inteiro da tragédia sem nunca definir-se bem, seja porque é inefável, escapando a delimitações precisas, seja porque é dado como conhecido e reconhecido por todos como superior. Mas há evidentemente alguma contradição, ao que tudo indica não percebida inteiramente por Gonçalves de Magalhães, entre os dois sistemas, o filósofico e o poético, apresentados por ele quase como gêmeos.

A atividade teatral, tal como revelada na peça, parece necessitar de uma permanente exaltação emocional, desenvolvendo-se numa atmosfera febril, presente ora nas fugas de imaginação de Antônio José, já próximas do delírio, ora nas cenas em que Mariana, atriz sua amiga, ensaia um novo papel, tomada por todos os infortúnios da personagem, com a fronte escaldando, "delirante", "em desalinho, pálida".

Abre-se desse modo, entre a criação filosófica e a artística, ou entre a visão clássica e a visão romântica do homem, um hiato conceitual que, no contexto, é preenchido pela personalidade do próprio Gonçalves de Magalhães, em suas duas encarnações cênicas, enquanto pensador ancorado na razão e enquanto poeta guiado pela irracionalidade sagrada da inspiração. Nas vestes austeras do Conde de Ericeira, afigura-se ser ele, o autor, não a personagem, que aponta, como solução *avant-la-lettre* para a filosofia, o ecletismo de Victor Cousin ("Nós podemos de cada seita / Extrair o melhor"). E na pele sofrida de Antônio José, a resposta que dá aos conselhos para que imite Molière repete quase literalmente o que ele, novamente o autor, dissera no prefácio da tragédia:

> Quando escrevo meus dramas não consulto senão a Natureza, ou o meu gênio: se não faço melhor, é que não posso.

De uma forma ou de outra, caindo ou não em contradição, esse diálogo entre o douto e o poeta, irmanados ambos pelo culto do pensamento, deixa claro que a saúde da sociedade alicerça-se sobre a clarividência das classes altas, de uma elite que saiba não desdenhar nem pôr de lado o talento, venha ele de onde vier. Duas falas de Antônio José, orientadas nessa mesma direção, tiveram a sua hora de celebridade e foram citadas com freqüência nas discussões políticas brasileiras. A primeira resume, numa frase, todo um libelo: "Nasce de cima a corrupção dos povos". A segunda explica analogicamente a origem dos motins e revoluções populares:

> Como o camelo,
> Sustenta o povo a carga enquanto pode,
> E quando excede o peso as suas forças
> Ergue-se e marcha, e deixa a carga e o dono.

Outro momento de reflexão, privilegiando a versão liberal entre as correntes católicas em luta naquelas décadas, ocorre no quinto ato da tragédia, anunciando e preparando o seu desfecho. Antônio José, preso num cárcere do chamado Santo Ofício (a Inquisição escondendo-se sob um nome misericordioso), monologa sobre a causa de sua condenação, tão contrária ao espírito proclamado do cristianismo. Ele fora sentenciado à morte, rememora,

> Porque em vez de seguir a lei de Cristo,
> Sigo a lei de Moisés!... Mas quando, quando
> Esse Deus homem, morto no calvário
> Pregou no mundo leis de fogo e sangue?

A entrada súbita de Frei Gil, o dominicano que no entrecho representa a Inquisição, poderia dar ensejo a um debate entre judaísmo e cristianismo, ou entre tolerância e intolerância religiosa. Mas não, o monge concupiscente dos atos anteriores, o vilão que perseguira Antônio José porque Mariana, a atriz que ele supunha ser amante do escritor, repelira as suas grosseiras investidas amorosas, vem arrependido e transfigurado. Quando arranca o capuz que lhe esconde o rosto e a identidade, exclama, melodramaticamente:

> Eis o crime pintado em meu semblante!

A transformação súbita do Mal no Bem – causada, em Frei Gil, pela morte de Mariana – não chegava a surpreender nesse tipo de dramaturgia de raízes morais, não psicológicas. Julgava-se que um forte choque emocional seria capaz de operar tais milagres cênicos, aceitos sem contestação pelo público e nesse sentido verossímeis. Menos justificável dramaticamente é a passagem da estupidez à clarividência, da ignorância à sabedoria, da grosseria à sensibilidade, da pequenez à grandeza da alma e do pensamento. Não é o Frei Gil que conhecemos, que nos foi mostrado pelo autor, este homem de vistas largas, capaz de formular com tamanha equanimidade, para Antônio José, a sua vítima, a insignificância perante o céu das diferenças de crenças que os separava:

> Quereis morrer na lei em que nascestes,
> Eu morrerei na minha; e Deus nos julgue
> Com aquela infinita piedade
> Que merecem tão fracas criaturas.

Essa reconciliação *in extremis* entre as duas religiões, deslocando a peça para um plano superior ao individual e terrestre, abre caminho para que a morte de Antônio José, o Judeu, seja também o triunfo do espiritual sobre o material:

Minha alma se erguerá como um aroma
Puro do sacrifício à Eternidade!...
Recebei-a Senhor! – Eia, partamos!
Adeus, masmorra! oh mundo! adeus, oh sonho!

A Inquisição conseguira matar mas não vencer o Poeta.

Não podemos permanecer alheios – caso pertençamos àquela facção da humanidade para a qual, segundo a citação clássica, nada do que diz respeito ao homem nos é indiferente – ao sentido generosamente liberal, tanto político quanto religioso, das proposições básicas de *Antônio José ou O Poeta e a Inquisição*.

Mas deve-se lamentar que as qualidades de Gonçalves de Magalhães, principalmente as de tragediógrafo, não estejam à altura de suas ambições. Os conflitos conceituais postos em cena – e para eles armou-se o enredo – dissolvem-se antes de adquirir vida, porque os interlocutores, nesses debates que deveriam revelar-se decisivos, entram logo em acordo, esmeram-se em defender idéias irmãs, ou de parentesco próximo, entregando-se sem opor resistência aos desígnios sempre louváveis do autor. Não se pede que este se omita, somente que não deixe entrever com tanta ingenuidade a sua presença em cena, manipulando ação e personagens. A doutrinação, em teatro, desenvolve-se dialeticamente, através de antagonismos, não de unanimidades.

Frei Gil não é uma criação feliz também sob outra luz. Os seus atos só provam que os sistemas ditatoriais, bem ou mal-intencionados, não importa, secretam, como subprodutos inevitáveis, a mentira, a extorsão, as explorações de ordem pessoal. Se o motivo para a sua perseguição a Antônio José contivesse ao menos uma pequena parcela de religiosidade, ainda que sem prejuízo da sua atração sexual por Mariana, se ele mantivesse desde o início um mínimo de estatura moral, a indignidade fundamental do Santo Ofício avultaria ainda mais, já que o verdadeiro escândalo estava na instituição, em seu funcionamento normal, não nos abusos a que dava origem. A tragédia cresceria, com um adversário de perfil menos folhetinesco, mais digno de Antônio José, e a Inquisição apareceria em seus contornos exatos, como uma entidade que fazia o mal mesmo e sobretudo quando pensava realizar o bem. Os culpados não eram os monges relapsos, com o Frei Gil, mas os seus virtuosos superiores hierárquicos, tanto mais desumanos quanto mais convictos da santidade do seu Santo Ofício. O que mais faltava a Gonçalves de Magalhães, enquanto homem de teatro, era a imaginação que completa o quadro, que preenche os vazios, projetando, para além do microcosmo do palco, como escreveu Etienne Souriau, um macrocosmo que se estende através do espaço e do tempo na imaginação do público. Na peça nacional a ausência do passado chega a atrapalhar a compreensão dos acontecimentos, em todas as suas implicações morais e sentimentais. Quase nada sabemos, por exemplo, sobre as acusações factuais lançadas contra Antônio José. Ficamos na dúvida até se é ou não judaizante, a não ser no quinto ato, quando ele assume plenamente a sua fé religiosa, dando de certa forma razão, diga-se de passagem, a quem o denunciara em primeiro lugar e cuja identidade ignoramos.

Permanecem também obscuros os laços que o unem tão fortemente a Mariana. Amor, ainda que envergonhado? Amizade, como mais de uma vez é alegado? Ela, que o trata por "vós", recebendo em resposta um "tu", o que já marca um certo distanciamento, refere-se a ele como "meu protetor, meu Pai, e amigo". Mas não acrescenta nenhum dado positivo, nenhuma alusão a fatos pretéritos, que esclareçam o alcance preciso de tais ambíguas expressões. E quando os dois decidem casar (o que não seria fácil, aliás, entre um judeu e uma católica fervorosa), sob a pressão dos acontecimentos, para poderem fugir juntos de Portugal, o curto diálogo que travam não é de molde a dissipar dúvidas quanto à natureza de seus sentimentos:

Antônio José – Não, não parto sem ti. Minha Mariana
    Vamos juntos viver. Em qualquer parte
    Onde a sorte levar-nos, eu prometo
    De nunca te deixar; e se a amizade
    Até hoje ligou-nos; se a desgraça
    Nos aperta este laço; inseparáveis
    Devemos sempre ser; sim, viveremos

Um para o outro; sim, tu serás minha,
Tu serás minha esposa; o céu me escuta.
Eis aqui a minha mão.

Mariana – Eu vossa esposa!
Oh Senhor!...

Talvez nunca um pedido – ou melhor, oferta – de casamento tenha ocorrido num palco com tão pouco entusiasmo amoroso. A futura união parece uma concessão feita à fatalidade, uma extensão da amizade ditada pelas circunstâncias do momento. É difícil entender por que Gonçalves de Magalhães deixou de opor, ao apetite carnal de Frei Gil, este pelo menos expresso sem subterfúgios, um sentimento, por parte de Antônio José, menos anêmico que a simples amizade, tanto mais em se tratando de um homem e de uma mulher que prometem compartilhar daí por diante corpos e corações.

A peça, conseqüentemente, fica suspensa – e mal suspensa – entre duas possibilidades dramáticas, ambas viáveis e interessantes. Enquanto conflito ideológico, ela não tem em Frei Gil um antagonista sólido. E enquanto triângulo amoroso, fraqueja no ponto onde a expectativa era que mais se elevasse – ou seja, no ângulo ocupado pelo poeta. Frei Gil ama Mariana (ainda que, para o autor, na má acepção da palavra). Mariana parece pronta a amar Antônio José, embora com pouca esperança de retribuição. E ele, o herói da tragédia? Qual é exatamente o seu jogo? Nada o atingirá, a não ser que venha do cérebro?

É muito irregular o ritmo da ação, na tragédia brasileira. A trama, quando não se demora em digressões estéticas e filosóficas, não necessariamente relacionadas à situação em foco, avança sem transições, aos saltos. Talvez o melhor exemplo disto esteja no final do quarto ato, momento em que a Inquisição, irrompendo no palco, frustra os planos de fuga arquitetados pelo escritor e sua improvisada noiva. A soma total do texto, tirando-se as rubricas, reduz-se a menos de três linhas completas, a pouco mais de dois decassílabos, divididos economicamente entre três personagens, numa fragmentação do verso semelhante à executada por Vittorio Alfieri sempre que desejava dinamizar ao máximo a ação. Aqui está, na íntegra, esta curtíssima Cena VII, que fecha não só o quarto ato como todo o período propriamente conflitivo da peça, quando era ainda possível alimentar esperanças em relação a um final feliz:

Frei Gil – Da parte do Santo Ofício
Mariana – Ai!...
Antônio José – Está morta! Que eu não possa vingar a sua morte!

Na medida em que a palavra restringe a sua participação cênica, avulta, na mesma proporção, a importância da mímica, com o "acionado", hoje chamado "jogo de cena", substituindo, junto ao público, os ouvidos pelos olhos. Veja-se, como exemplo, a extensão e a riqueza cênica da rubrica que antecede o "Ai!..." fatal e solitário de Mariana:

Os Familiares [da Inquisição] se apoderam de Antônio José, que corre para Mariana, como para abraçá-la, mas eles o impedem; entretanto Frei Gil se apresenta diante de Mariana, que convulsa e horrorizada mal o vê, e ouvindo aquelas palavras, grita.

Fica claro que a representação, fiel neste ponto à prática teatral romântica, enfatiza a expressão corporal, as reações viscerais, fortemente emotivas, radicadas nas camadas mais instintivas do homem. Mas a solução encontrada por Gonçalves de Magalhães vai longe demais nessa direção. Que Mariana caia fulminada sem articular mais do que um grito, não surpreendia naqueles tempos em que mortes súbitas causadas por abalos nervosos faziam parte das mais bem estabelecidas convenções do palco. Mas é provável que já não seria tão bem aceito, mesmo dentro da estética romântica, que o autor negasse à sua atriz principal uma saída de cena – e da vida – menos precipitada, menos pobre de ressonâncias do que esse simples "Ai!..." emitido por Mariana, por mais bem lançado que ele fosse pela intérprete.

Não era por acaso que na ópera sopranos e tenores morriam cantando uma derradeira ária, se possível a mais bela, como não é sem motivo que Hamlet só profira o seu celebrado "O resto é silêncio" depois de ter tido todo o tempo necessário para se despedir dos amigos e da existência terrena. A morte no palco só começa a existir como fato trágico, repercutindo fundo no público, se alguma coisa, o sortilégio da música ou da palavra, venha a imprimir-lhe uma dimensão superior, capaz de criar à sua volta uma aura poética, e, conseqüentemente, metafísica, ao transfigurar um incidente particular num símbolo vivo da finitude da condição humana.

Gonçalves de Magalhães não o ignorava: prova é o tratamento que dá à morte de Antônio José, dedicando-lhe praticamente todo o quinto ato. Mas é que o Judeu, na sua qualidade de "Literato", misto de poeta e de filósofo, encarnava não apenas ele mesmo, sobre quem tão pouco se conhecia, como a sua raça e religião, significando ainda, em nível mais alto, um conceito de alcance universal: o poeta vitimado pela Inquisição, a genialidade enfrentando e sendo derrotada pela opressão. Já os seus aliados dentro da economia interna da peça, simples mortais, com Mariana à frente, seguida por Lúcia, sua criada e confidente, e pelo Conde de Ericeira, podem todos ser despachados deste mundo sem maiores cuidados pelo autor, uma vez cumpridas as suas funções – a primeira, Mariana, morrendo à vista do público; os outros dois, conforme comunica Frei Gil sem fornecer detalhes, falecendo ambos, por coincidência, durante o intervalo entre o quarto e o quinto atos, o que suscita inclusive um certo espanto em Antônio José: "Morreram todos... todos..."

Sobrevivem até o cair do pano, em suma, somente os dois que representam posições ideológicas. De um lado, o Judeu. De outro, Frei Gil, emblema, a princípio, da crueldade do chamado Santo Ofício; a seguir, do arrependimento que caberia, como forma de expiação por seus crimes, à Igreja Católica. Releia-se o subtítulo da peça: "O Poeta e a Inquisição".

Esse era o nível em que funcionava melhor o pensamento de Gonçalves de Magalhães. Passar do abstrato da filosofia ao concreto da obra de arte, sobretudo se ela deve materializar-se num palco habitado por atores, homens e mulheres de carne e osso, não parecia ser a sua especialidade, nem a sua preocupação. A palavra tragédia, para ele, não passava às vezes do álibi que disfarçava a falta de imaginação dramática.

3

Havia em *Antônio José*, além do convulsivo final do quarto ato, alguns outros espasmos dramáticos suscetíveis de mexer momentaneamente com os nervos do público, arrancando-o da sonolência reverente que não raro ameaçava a representação clássica. Por exemplo, a primeira entrada em cena de Antônio José, meio fora de si, sentindo-se seguido pela Inquisição, ou a expulsão violenta de Frei Gil da casa de Mariana, levada a efeito pelo poeta.

Olgiato, a segunda tragédia de Gonçalves de Magalhães, com a qual ele disse adeus ao teatro em 1839, deixa, ao contrário, à primeira leitura, a sensação penosa da mais absoluta imobilidade dramática. Nada se faz durante quatro atos senão conspirar e conspirar e conspirar. O alvo de tais infindáveis maquinações é o tirano milanês Galeazzo Sforza, assassinado em 1476, fato histórico que a peça reproduz sem alterar-lhe a essência, colhida, indica o autor, em Maquiavel, Sismondi e Carlo Botta.

Os conspiradores são três jovens aristocratas, Olgiato, Visconti e Lampugnano, estimulados em seus planos por Angelina, noiva do primeiro, irmã do segundo, e por Montano, velho professor de esgrima e filosofia (a mente sã em corpo são greco-romana), que exerce sobre os outros uma forte influência moral e política.

Relendo a tragédia com redobrada atenção, todavia, descobre-se, com algum esforço, que essa repetitiva e cansativa conversa entre os cinco amigos oculta um lento caminhar, um pequeno e constante avanço do enredo, que vai crescendo até explodir, à maneira clássica, no desenlace sangrento. De início, há o despertar da idéia. Vêm em seguida as dúvidas quanto à exeqüibilidade do projeto, as objeções ao derramamento de sangue, os dilemas pessoais ("oh dura alternativa", lamenta Visconti). Olgiato quer antes de mais nada vingar a desonra e morte da irmã, ocorridas no passado. Visconti, em contrapartida, teme que a sua irmã, Angelina, já agora no presente, fique entregue à sanha do tirano se ele não for bem sucedido na sua arriscada empresa. O mesmo motivo, a defesa da castidade feminina, libera um e aprisiona outro para realizar um ato que ambos julgam ser de estrita justiça. É o que diz Olgiato a Visconti:

> Tu inda tens irmã... Temes por ela;
> Eu por amor da minha, a morte busco.

Este equilíbrio paralisante rompe-se quando Sforza, que já despojara Lampugnano de um bem patrimonial, volta suas vistas sobre Angelina, ameaçando a honra não só dela como a dos dois rapazes que lhe são ligados pelo amor ou pelo parentesco. Configuram-se assim, coincidência ou não, as três formas de afronta que Alfieri enumerou no seu *Tratado da Tirania,* publicado na França em 1790, no capítulo intitulado "Até que Ponto se Poderá Suportar a Tirania"[15]. As ofensas "de sangue" e "na verdadeira honra", casos de Olgiato e Visconti, justificariam de certa forma, para o poeta italiano, o tiranicídio: "jamais poderia aconselhar a quem tem o rosto e figura de homem que as sofra". O mesmo rigor não se aplicaria às ofensas feitas "na fazenda", isto é, nos bens materiais, como se dá com Lampugnano.

Vencida esta etapa, moralmente difícil, entra-se no planejamento do assassínio, que deve efetuar-se em local público, à vista de todos, para que o gesto denote o seu caráter político, não se confundindo com vinganças pessoais. Encerra a tragédia a cena do atentado, executado fora de cena e que termina com a morte seja de Sforza, seja dos tiranicidas.

A impressão de apatia dramática, não obstante a dureza dos fatos, agrava-se porque o autor, por motivos já alegados, recusou-se a colocar no palco a personagem em torno

---

15. V. Alfieri, *O Tratado da Tirania,* São Paulo, Cultura, 1944, pp. 153-154. O texto, revisto por A. P. Figueiredo Júnior, baseia-se numa antiga tradução portuguesa, não identificada.

da qual gira todo o diálogo. Galeazzo Sforza só chega ao público através de terceiros, sobretudo Lampugnano, que mantém relações com ele. Ora, se Gonçalves de Magalhães julgava indesejável esta presença, por sua imoralidade e grosseria, que pusesse então em cena alguém que o representasse, quanto mais não fosse para dar corpo à figura do tirano e quebrar a monotonia do diálogo.

Se em *Antônio José,* o antagonista, Frei Gil, falhava na qualidade de adversário ideológico, aqui ele simplesmente desaparece da vista do público. Gonçalves de Magalhães tentou corrigir esta falha – o tom monocórdico da ação – diversificando um pouco os seus três conspiradores, quanto à motivação, como vimos. Também no ajuste final há uma ligeira variação, sugerida, aliás, pelos acontecimentos reais milaneses. Lampugnano morre despedaçado pela multidão em fúria, fora de cena, onde supostamente ocorre o choque direto. Visconti, ferido mortalmente, vem expirar no palco, sob os olhos horrorizados de Angelina e Montano. E Olgiato sai, conduzido ao cadafalso "pela soldadesca e o povo", não sem antes lançar um derradeiro desafio:

A morte é dura! mas a glória, eterna[16].

Estava expresso o pensamento que inspirou toda a tragédia. A idéia que a derrota pode significar vitória moral, que a morte deixa às vezes uma semente que germinará, inscreve-se numa ilustre e conhecida linhagem. Podemos remontá-la, segundo a perspectiva de Gonçalves de Magalhães, ao sacrifício de Jesus e à morte de Sócrates, os dois invocados em solilóquio filosófico por Montano:

Tu Sócrates divino, tu meu mestre
Vítima foste da injustiça humana.
. . . .

---

16. Segundo Maquiavel, Olgiato teria proferido em latim, ao ser preso dois dias após o tiranicídio: *Mors acerba, fama perpetua; stabat vetus memória facti.* Tradução aproximada: "A morte é cruel, a glória eterna; a lembrança da façanha perdurará".

Como um vil criminoso foi punido
O Redentor do mundo!...

Mas o sentido político, de defesa da liberdade contra a tirania, que permeia as últimas décadas do século XVIII, não só nas peças como nas vidas de autores teatrais, a exemplo de Schiller e Alfieri, que tiveram de se expatriar para se tornarem escritores, procede, através de Plutarco, de famosos exemplos romanos: Catão, suicidando-se, Bruto, seu sobrinho e genro, apunhalando César, os dois para não abdicar de sua condição de cidadãos de uma república livre. Desta vez é Visconti quem os cita:

Com aquele denodo com que outrora
Catão o ferro ergueu contra seu peito...
. . . .
Eu nasci para ser um novo Bruto,
E sou escravo!...

Essa liberdade, essa "grega" e "romana liberdade", é tida pelos conspiradores como fonte do poder militar e político, e ainda do desenvolvimento do saber, ou seja, da filosofia. Montano, em aula inflamada, conforme narra Olgiato a Visconti,

Mostrou-nos como as artes florescem
Sem outro apoio mais que a liberdade;
Como a Filosofia leis ditava
Sem medo dos tiranos opressores.

O fim dessa idade de ouro coincidiu, não por acaso, com um aniquilamento geral:

Tudo murchou, morreu, caiu a um tempo
Artes, letras, ciência, força e glória.

Montano é, na peça, o foco que irradia os ideais libertários. Ele é, a um só tempo, o velho que guia a mocidade, o filósofo que ensina a pensar e o sábio que sabe viver dignamente. Ele possui, em sua própria avaliação,

> Um coração tranqüilo e uma alma forte
> Pelo amor da verdade enobrecida.

A filosofia pregada por ele provinha de duas matrizes primaciais, o idealismo platônico, sobrepondo os conceitos às coisas, e o estoicismo romano, que não afastava o suicídio como saída adequada sempre que, para se manter vivo, alguém teria de negar a própria razão de ser da existência, isto é, a sua essência moral. Mas, ao passar da esfera das palavras para a dos atos, tais idéias, que aparecem na tragédia brasileira prejudicadas pelo abuso da oratória, conduzem a uma catástrofe por assim dizer cega, que pune com igual fúria os dois lados da conspiração. Montano, concluindo a peça, perde a serenidade, se é que ele a tinha, caráter polêmico como é. Cai "com um joelho em terra", amparando Angelina, e exclama:

> O meu Deus!... Misericórdia!

É que outro elemento, o cristianismo, já de há muito introduzira no duro universo antigo, como o concebia o classicismo, uma nota peculiar de compaixão ante a fraqueza do homem, desarmado perante a grandeza divina. Uma onda de incertezas percorre o espírito dos conspiradores, à medida que eles se vão inclinando para o tiranicídio. São inúmeras as dúvidas. Poderá ser justo tirar a vida de outro homem, por nobre que se considere o motivo? Não será este justamente um privilégio de Deus?

Olgiato, no longo monólogo que dá início ao quarto ato, entrega a solução do problema a mãos superiores:

> Se isto mesmo é um crime, não me atendas,
> Não me atendas, Senhor; eu só desejo
> Em tudo conformar-me aos teus mandados
> Ainda mesmo que não os compreenda...

Coloca-se assim a questão da legitimidade do tiranicídio, que há séculos vinha sendo debatida, dentro e fora da Igreja Católica. Gonçalves de Magalhães não pensava em resolvê-la, antes em ressaltar-lhe a complexidade.

Se Montano representa sem dúvida o pólo do Bem no universo da peça, a fonte da inteligência e da justiça, o pólo oposto, o do Mal, cabe, com clareza ainda maior, a Galeazzo Sforza. Ele é retratado como a soma de todos os vícios da tirania, e, por extensão, do próprio Renascimento italiano: o individualismo extremado, a avidez por bens materiais, o poder exercido pela força bruta, a sexualidade exacerbada. Em resumo, a ausência de normas de conduta capazes de conter em limites aceitáveis os excessos do corpo e da mente. Sforza, por sinal, subira das classes inferiores, filho que é de um "condutor de mercenários". O esforço conjugado dos conspiradores exprime, além do mais, a vontade de restituir à cidade o equilíbrio social e moral perdido.

Como gênero dramático, *Olgiato* pertence a uma categoria freqüente na época: a peça de conspiração, que mostra a curva descrita por um movimento libertador, em geral abortado (a melhor maneira de preservar até o fim a pureza moral dos protagonistas que, se matam, morrem também). Deixemos de lado protótipos conhecidos, devidos a Shakespeare ou Schiller, Corneille ou Alfieri, estes dois últimos citados no prefácio da tragédia brasileira como modelos de "simplicidade, energia e concisão"[17].

Gonçalves de Magalhães liga-se mais a autores que lhe estão próximos no tempo e na opção literária. Entre os ecléticos, dando esse nome aos indecisos entre tragédia e drama, classicismo e romantismo, poder-se-ia pensar, por exemplo, no *Catão* de Garrett (uma de suas tiradas heróicas, "Vivamos livres ou morramos homens", cairia bem como epígrafe de *Olgiato)*, ou no *Marino Faliero,* de Casimir Delavigne, representado na França em 1829. Mas a peça que ocupava então o pensamento do escritor nacional parece ter sido *A Conjuração de Veneza,* de Martinez de la Rosa, encenada por João Caetano em 1838, tendo como complemento do programa a farsa *O Juiz de Paz da Roça,* com a

---

17. Gonçalves de Magalhães parece repetir aqui palavras de Martinez de la Rosa que, ao se referir à sua peça *La viuda de Padilla,* escrita sob a influência de Alfieri, elogia "la concision y energia" do escritor italiano. Cf. F. Martinez de la Rosa, *Obras,* Madrid, Atlas, 1962, vol. I, p. 27.

qual Martins Pena inaugurou a sua carreira de comediógrafo. O texto espanhol diverge do brasileiro a começar pela estrutura. Qualificado pelo autor como "drama histórico", oferece um vasto quadro social, com dezenas de personagens, fora "conjurados, soldados, povo, juízes e subalternos do Tribunal". Não obstante tal diferença, que garante a identidade de cada peça, existem entre elas semelhanças, tão mais significativas por introduzirem na secura conceitualística de *Olgiato* uma aura poética decididamente romântica.

Compare-se a cena inicial do segundo ato da *Conjuração* com a que abre o quarto ato de *Olgiato*. Alguns elementos se repetem. Quanto ao cenário, a presença de túmulos, igreja (ou capela), lâmpadas votivas acesas. Quanto à ação, monólogos angustiados, numa noite de poucas estrelas, com a invocação de mortos, que por um momento dão a impressão de ressurgir, criando um ambiente de pavor, quase de alucinação. Em ambas as peças o cabelo da personagem se eriça, em ambas, com efeitos diferentes, a lâmpada no final se apaga.

Talvez mais do que esses ingredientes, comuns na poesia desde o pré-romantismo inglês do século XVIII, o que indica a influência do drama espanhol, estreado em 1835, sobre a tragédia brasileira de 1839, é o uso idêntico que fazem do clima tumular. Ao abrir uma via de comunicação entre vivos e mortos, ainda que ilusória, ainda que logo desfeita, este jogo de luzes (lâmpadas) e sombras (noite), de realidade e delírio, de passado e presente, enseja a que, através de presságios, pressentimentos, se antecipe o desfecho fúnebre e se prepare o público para recebê-lo com toda força emocional. Olgiato, indagado por Visconti com quem falava a sós, responde:

Co'os mortos
Que me hão de ver bem cedo em seu reino.

Tais considerações, claro está, em nada desmerecem Gonçalves de Magalhães. Mas servem para indicar os laços que o prendiam ao teatro europeu, ao qual podia pedir emprestado eventualmente algum reforço para a sua imaginação dramática, porventura, entre todos, o seu ponto mais fraco. O que não significa que *Olgiato* não mantivesse também compromissos estreitos com o momento histórico vivido pelo Brasil.

O termo "tirano", herdado da Grécia e com longa história no teatro europeu (havia atores especializados em tais papéis), se em suas formas agressivas remetia a *condottieri* como Galeazzo Sforza, em suas versões mais moderadas aplicava-se a toda espécie de autoritarismos, dos pequenos aos grandes, dos relativos à ordem nacional e internacional aos referentes ao âmbito doméstico. Tiranos eram certos pais, certos maridos, e assim se chamava com freqüência o próprio amor.

No Brasil, por volta de 1831, quando abdica, a palavra ligava-se habitualmente a D. Pedro I. Estaria assim o Imperador em condição de ser vinculado, ainda que indiretamente, por meio de uma obra de arte, ao pólo da tirania em *Olgiato*. E o outro pólo, o do Bem, o filosófico, o da defesa da sociedade contra a opressão? Uma associação de idéias, que começa pelo étimo comum aos dois nomes, leva-nos a pensar em Monte Alverne como possível fonte de inspiração de Montano – a personagem da peça, não, obviamente, o Montano histórico que realmente existiu.

A hipótese, permanecendo como tal, é menos gratuita do que se afigura. O choque entre constitucionalistas e absolutistas, no Brasil como em Portugal e Espanha, desenrolava-se em várias frentes, das bélicas às puramente ideológicas. Gonçalves de Magalhães, enquanto poeta, engajara-se na campanha liberal com o fervor da adolescência. Em sua produção da juventude, coligida em 1864 no volume *Poesias Avulsas,* não escasseiam versos dedicados a comemorar as grandes datas dessa luta, o dia 7 de setembro, o 25 de março (Juramento à Constituição), o 7 de abril. Destacam-se, a este propósito, a "Ode à Liberdade", de 1829 ("E consentes, ó Deus, que vis tiranos / Assim zombem dos míseros humanos?") e o Elogio Dramático, *A Independência do Brasil,* representado em teatro particular, ou seja, amador, a 7 de setembro de 1831, comemorando, ao mesmo tempo, a Independência e a Abdicação. São personagens desta pecinha alegórica, ainda ao gosto colonial, O Brasil, A Liberdade, O Fado (destino) e O Coro das Províncias. O estribilho que se ouve ao levantar do pano é o mesmo que se repete no final:

Só o Despotismo
No Cócito horrendo
Os dentes rangendo
De raiva chorou.

Ora, o próprio Gonçalves de Magalhães, na biografia de Monte Alverne que publicou nos *Opúsculos Históricos e Literários* (pp. 310-311), ressaltou a corajosa participação do seu antigo professor de filosofia (como Montano) no combate aos desmandos do Imperador. Dois episódios assistidos por ele, entre os dezesseis e os vinte anos (nascera em 1811), gravaram-se-lhe para sempre na memória.

O primeiro foi o sermão pregado pelo frade dominicano em 1827, "por ocasião das exéquias da primeira Imperatriz do Brasil". Para se compreender bem a ocasião é preciso lembrar que D. Leopoldina havia sido a principal vítima da tempestuosa paixão de D. Pedro I pela Marquesa de Santos. Quando Monte Alverne, com sua "voz portentosa", causadora da "comoção elétrica que se propagava em todo vasto auditório", exaltou a virtude à custa das glórias terrenas (Deus "dilacera a púrpura dos reis, quebra os cetros e as coroas"), "o Imperador curvou a cabeça, e os cortesãos que os tinham baixos, ergueram os olhos ao orador, pasmados de tanto arrojo".

O relato do segundo episódio, ainda mais expressivo, vai transcrito por inteiro:

Ouvi essa oração de graças pelo aniversário do juramento da Constituição do Império, pregada na vasta igreja de São Francisco de Paula, no dia 25 de março de 1831, treze dias antes da abdicação do Imperador Pedro I, que inesperado veio assistir ao *Te Deum,* mandado celebrar pelos habitantes do Rio de Janeiro, como uma manifestação dos seus sentimentos constitucionais, contra as tendências do Governo, que então se acusava de idéias retrógradas. Ouvi-o nesse dia, o seu melhor dia, em que o coração do patriota, reunindo o entusiasmo de tantos corações, se expandia mais do que nunca na voz formidável do orador; e não creio que voz de nenhum profeta divino possa abalar mais fortemente os corações das turbas. Lágrimas arrancadas pela comoção saltavam de todos os olhos, quando o ouviram exclamar: "Acreditai, é do vosso peito que rompem as chamas do entusiasmo em que se abrasa o coração do orador, este coração que só bate por uma pátria querida, que se reanima com o calor desta liberdade que não aqueceu os ossos de nossos pais[18].

Não estamos tentando dizer que Monte Alverne é Montano: entre eles vai a imensa distância que separa a realidade da ficção. Mas talvez o primeiro esteja na origem do segundo, colocando-se este numa situação limite, de vida e morte, que nunca aquele enfrentou. Pelo menos a impressão que ambos causavam em Gonçalves de Magalhães se assemelha em alguns pontos cruciais. Monte Alverne, acabamos de ver, parecia-lhe ao falar um "profeta divino". Montano não é retratado por ele, através de Visconti, de outra maneira: "Era um Profeta!" Mais ainda: a eloqüência de Monte Alverne afigurava-se-lhe de fogo ("todo esse fogo no meio do gelo que o rodeava", escreveu Gonçalves de Magalhães), como o era também a de Montano: "Que eloqüência de fogo, que veemência!"[19]

A hipótese que estaria no Brasil imperial a gênese de *Olgiato,* se admitida, resolveria alguns problemas: explicaria o fato algo incomum de uma tragédia, território por excelência da paixão, aceitar como personagem importante um professor, e logo de filosofia; e ajudaria a entender o interesse despertado no jovem escritor brasileiro por uma longínqua conspiração italiana, aliás malograda, quase esquecida. Talvez o coração de Gonçalves de Magalhães te-

---

18. Nesse discurso, além de atacar o absolutismo, Monte Alverne defendeu as revoluções, desde que não caiam em excessos: "É uma injustiça estigmatizar as revoluções com o ferrete do crime" (F. Monte Alverne, *Obras Orarórias,* Rio de Janeiro, Nova Edição, Garnier, Tomo Segundo, p. 527).

19. Numa oração de 1809, aos vinte e cinco anos, Monte Alverne pedia a Deus que depositasse em sua "boca palavras de fogo [...]" (cf. Roberto B. Lopes, *Monte Alverne,* Petrópolis, Vozes, 1958, p. 33. O mesmo autor escreveria mais tarde sobre Monte Alverne com o nome de Helio Lopes).

nha batido mais forte ao ler a história do ardente professor de filosofia e seus três discípulos que morrem em nome da liberdade. O que se encontrava porventura nele em estado de veleidade juvenil – o tiranicídio –, achava ocasião de se realizar no palco, com brutal violência, porém sem derramamento verdadeiro de sangue. Galeazzo Sforza seria, desse ponto de vista, o alvo ideal, o tirano perfeito, aquele cuja morte não suscita remorso em ninguém. Por concentrar em si toda a escala da vilania, inclusive, em primeiro plano na peça, o de violentar virgens aristocráticas, o seu extermínio, digamos assim, não comportaria nenhum desgaste moral.

A questão da liberdade *versus* despotismo, elevada à sua máxima potência, o tiranicídio, ao subir à esfera superior da arte, dava-se ao luxo de não se fechar em definitivo, permanecendo uma pergunta sem resposta, uma tentadora mas inquietante solução.

4

A dramaturgia de Gonçalves de Magalhães coincide exatamente, quanto à substância, com o breve espaço do tempo em que atuou. A revolução de 1830, na França, trocando um rei com tendências absolutistas por outro julgado liberal, abriu, até 1848, um período propício à idéia de liberdade, aplicada primeiramente entre as nações, depois aos indivíduos, dentro já do âmbito nacional.

O teatro não esteve ausente desse processo. Alexandre Dumas, em escaramuças de rua, figurou então com a desenvoltura militar de seu pai, general de Napoleão (a exemplo, aliás, do pai de Victor Hugo). E a ópera *La Muette de Portici,* libreto de Scribe, música de Auber, ao ser representada em 1830 na cidade de Bruxelas, desencadeou um tumulto de que resultou a Independência da Bélgica.

No Brasil, contemporaneamente, um menino que cedo se tornaria oficialmente D. Pedro II, mas já usava esse título, copiava em 1833, como exercício de caligrafia, duas frases que lhe deveriam servir de lema no desencargo de sua real função: "Ninguém pode ser feliz em governo despótico porque é este um monstro que devora seus filhos. O despotismo é contrário ao fim das Sociedades civis". Não está dito, porém decorre dessas palavras que haveria duas espécies de despotismo, igualmente funestas. O da esquerda, digamos assim, o que "devora seus filhos", seria aquele que acabou com a Revolução Francesa em 1793, ao querer aprofundá-la, inaugurando uma era virginal para a humanidade, na qual até os dias da semana e os meses receberiam novos nomes, livres da carga inglória do passado. O absolutismo da direita, conservador, absolutista, crendo no direito divino dos reis, pecaria, em contraposição, por ignorar que o fito do governo deve ser as "Sociedades civis".

Este é, reduzindo e simplificando, o recheio das duas tragédias nacionais: em *Antônio José,* a defesa frustrada do gênio literário contra o despotismo, papel desempenhado no caso pela Inquisição; em *Olgiato,* o ataque direto, igualmente fracassado, à tirania. Ora, o romantismo, como constatou em 1830 Victor Hugo, não era senão "o liberalismo em literatura": "A liberdade na arte, a liberdade na sociedade, eis o duplo objetivo para o qual devem tender do mesmo passo todos os espíritos conseqüentes e lógicos"[20]. Acontece, entretanto, que o pensamento liberal, ressurgido supostamente purificado das cinzas de 1793, passando ao palco por obra de Gonçalves de Magalhães, irá assumir, contraditoriamente, a velha roupagem clássica francesa: cinco atos, decassílabos brancos (a medida da tragédia em Portugal), número restrito de personagens, uma só ação dramática, concentrada sem rigidez no espaço e no tempo (não era mais necessário obedecer ao pé da letra às antigas regras). Nesse sentido, o escritor brasileiro era de fato, como apregoava, o eclético que colhe em cada escola aquilo que mais lhe convém.

Ele só foi deliberadamente romântico com relação a dois itens: na escolha do assunto de sua primeira tragédia e na orientação que imprimiu então a seus intérpretes, com destaque para João Caetano no papel de Antônio José, oca-

---

20. V. Hugo, *op. cit.*, Tomo II, p. 4. Trata-se de prefácio de *Hernani*.

sião em que, conforme escreveu no prefácio da peça, substituiu-se "a monótona cantinela com que os atores recitavam seus papéis pelo novo método natural e expressivo, até então desconhecido entre nós". Quanto ao primeiro ponto, ressalvando embora que o intuito nacionalista, e portanto romântico, está claramente expresso ("Desejando encetar minha carreira dramática por um assunto nacional..."), assinale-se que se pode discutir a nacionalidade literária de Antônio José. Que ele era brasileiro por nascimento, não há dúvida. Mas, na qualidade de escritor teatral, como surge no palco, pertence por inteiro a Portugal, onde se fez homem e comediógrafo. Seja como for, a questão não tem maior relevância, na medida em que a peça, intitulando-se tragédia, despreza ou ignora a "cor local". Nem haveria possivelmente, aquém ou além-mar, crônicas históricas, como as francesas, que permitissem a reconstituição dos modismos do século XVIII.

Somando-se as partes, obtém-se, aproximadamente, a seguinte fórmula: encenação moderna para um texto escrito ao gosto antigo, mas versando assunto pertinente à época, a esse decênio 1830-1840 que viu crescer e decrescer o drama romântico. Tudo sob o santo nome do ecletismo, que não acreditava em oposições irredutíveis, na literatura como na filosofia.

O que afasta Gonçalves de Magalhães do teatro romântico, tal como se praticava naquele momento na França, não eram provavelmente nem questões de técnica de palco nem princípios políticos. Chocava-o, como se nota em sua correspondência, mais que a falta de disciplina estética, a anarquia moral. Temperamento moderado, com forte fundo religioso (foi Monte Alverne quem o dissuadiu de ser padre), não se achava à vontade no meio da impudicícia sexual de Dumas e Victor Hugo. O amor mal aparece em *Antônio José,* etiquetado, ao que parece, sob o nome de amizade. Já em *Olgiato* ele se manifesta, com Angelina acompanhando valentemente os seus companheiros de sedição. Mas trata-se de um sentimento especial, na linha das personagens femininas de Corneille, nascido do espírito, não do corpo, fundado sobre o respeito moral. Segundo este código, amase a quem se admira pelo saber e valor. Dessa forma a mulher perde um pouco de sua especificidade, que no romantismo era dado em geral pela fraqueza, aproximando-se da forma masculina. Angelina, revela o texto, é "varão n'alma" – o que quer que seja que isso signifique.

Por outro lado, o fato de *Olgiato* desenrolar-se na Itália, não o desqualifica enquanto obra romântica. O nacionalismo literário ainda não se firmara no Brasil, o que sucederá somente na geração seguinte. E a Itália, ao lado da Espanha, distava o suficiente da ortodoxia estética francesa para poder figurar sem dificuldade entre os países levemente exóticos, pitorescos (ou pinturescos), plenos de uma encantadora e primitiva "cor local". Há uma diferença capital, no entanto. Quando um poeta genuinamente romântico, como Alfred de Musset, coloca em cena a Renascença italiana, no *Lorenzaccio* (outra peça de conspiração), interessa-o no protagonista a inquietação, a ambigüidade, a morbidez moderna, não o heroísmo estóico de Olgiato e seus amigos. Em outras palavras: o escritor francês trazia o passado até o presente, romantizava a Renascença italiana, ao passo que o brasileiro jogava-a, em pensamento, e como tábua de salvação moral, para a Antiguidade Clássica.

No concernente à perspectiva estética, Gonçalves de Magalhães bebeu-a, já pronta, nos escritos filosóficos de Victor Cousin, com a sua insistência no Verdadeiro, no Belo e no Bem (sempre com maiúsculas), conceitos luminosos perante os quais tendiam a empalidecer, ofuscados, os fatos e os indivíduos. O trecho em que Taine, examinando a obra de seu compatriota, define a posição deste em relação à arte, pode ser transferido sem qualquer alteração ao autor de *Antônio José:* "Posto que não temos outro fim a não ser produzir a perfeição moral, diremos que não existe beleza além da beleza moral, e que o objeto da arte é o de exprimi-la. A arte assim definida tornar-se-á um auxiliar da eloqüência, e o artista considerar-se-á um mestre da virtude"[21].

---

21. H. Taine, *Les Philosophies Classiques du XIXe Siècle en France*, 6ª ed., Paris, Hachette, 1888, p. 156.

Aí está, de corpo inteiro, o teatro de Gonçalves de Magalhães: como destinação, a virtude; como instrumento, a eloqüência. O que, acrescente-se de passagem, não era precisamente o caso dos dois mestres que ele cita como exemplo no prefácio do *Olgiato* – Corneille e Alfieri.

A opção política do inaugurador do teatro nacional também se colocava entre os dois extremos, a aristocracia e a democracia, naquele ponto de equilíbrio que Heine, mencionando o teatro, classificou de "trágico *juste milieu*" – nem tanto ao mar, nem tanto à terra. Os fins visados pelo poder só se justificam caso se refiram ao bem comum, que a todos se dirige, ricos e pobres, nobres e plebeus. Mas a parte executiva, o exercício efetivo do governo, caberia, como dever, não só como fato, às classes altas, as únicas instruídas, nelas se admitindo as inteligências superiores, os gênios como Antônio José. Em prosa, assim se manifestou o escritor brasileiro: "Qualquer que seja o pensamento da época, nobre ou vil, nunca das classes inferiores se eleva às culminantes; nestas se ele germina, e daí, como o contágio, se vai estendendo até a choupana, d'onde reage"[22]. Quase o mesmo ele dissera, em verso já citado, por intermédio da boca sentenciosa de Antônio José: "Nasce de cima a corrupção dos povos". Em resumo, o povo não age, reage apenas. E nem sempre do lado certo. Quando entra em cena no final de *Olgiato,* é para defender Sforza, certamente por estar contaminado pelo espírito da tirania. Se quiséssemos reduzir esta filosofia política à sua expressão mais simples e incisiva talvez a encontrássemos no que disse, ou teria dito, D. Pedro I, no auge da crise de 1831: "Tudo farei para o povo; mas, nada pelo povo". Já o despotismo não levava em consideração o povo nem como sujeito, nem como objeto do poder. Subordinava-o, ainda mais que o restante da sociedade, aos caprichos da realeza. Não chegava, aliás, a ser povo. Na melhor das hipóteses, quando não se confundia com a ralé e a canalha, era a populaça.

22. D. J. Gonçalves de Magalhães, *Opúsculos Históricos e Literários*, Rio de Janeiro, Garnier, 1865, p. 4.

Gonçalves de Magalhães passou rapidamente pelo teatro, entre 1837 e 1839, quando escreveu e teve representadas as suas duas peças, antes de tomar rumos mais condizentes com seu feitio – pelo lado político, o encargo público, a diplomacia; pelas letras, a poesia lírica ou épica. Almejou desde o início, enquanto tragediógrafo, subir alto, muito alto, mais alto do que podia alcançar, imaginando erroneamente que realizaria as suas aspirações se concebesse personagens livres de toda mácula humana. Mas, ao deixar o mal nos bastidores, como em *Olgiato*, ou fazê-lo juntar-se ao bem no quinto ato, como em *Antônio José,* o máximo que conseguiu foi criar "Brutos de papel, Catões pintados"[23], como aqueles que Oliveira Martins divisou entre os políticos portugueses de 1820 (a Revolução Francesa pusera em moda, que ainda perdurava, a Roma antiga e republicana). Na ânsia de atingir o trágico, forçou inutilmente a sua "dicção poética" que, como observou precocemente Justiniano José da Rocha, "tem ressábios de prosa"[24]. A eloqüência – a eloqüência "de fogo" de Monte Alverne e de Montano – parece ter sido a sua meta mais constante. Mas não se sente, em seus versos para o teatro, o arrebatamento, o ímpeto irresistível que desejariam e necessitariam ter, como se a energia poética não fosse capaz de atravessar a camada de conceitos abstratos e palavras altissonantes que a envolviam. Haveria, em suma, uma sensível desproporção entre as suas qualidades literárias – verdadeiras mas não excepcionais, ou não tão excepcionais quanto ele julgava – e os seus intuitos dramatúrgicos de grandeza e genialidade.

O que fica, no balanço derradeiro, é o seu papel de precursor, seja do romantismo, do qual foi meio sem o querer a ponta de lança no Brasil, seja, e aqui sem contestação possível, do próprio teatro nacional. Por ter escrito a pri-

---

23. Cf. A. Crabbé Rocha, *O Teatro de Garrett,* 2ª ed., Editora Coimbra, 1954, p. 94.
24. Cf. R. S. Maciel de Barros, *A Significação Educativa do Romantismo Brasileiro: Gonçalves de Magalhães,* São Paulo, Univ. de São Paulo/Grijalbo, 1973, p. 20.

meira peça de valor do Brasil independente e por ter contribuído ativamente para o lançamento em alto nível de um ator como João Caetano, que dominará o palco e dará continuidade à atividade dramática nos decênios seguintes, merece o título, ambicionado e reivindicado por ele, de criador do teatro brasileiro moderno.

2. ENTRE DRAMA E MELODRAMA: MARTINS PENA, BURGAIN

> *Seja ou não progresso – e, quanto a nós, acreditamos mais em transformações que em progresso nas artes – é inegável que o público [francês] de hoje pede emoções fortes, peripécias violentas, espetáculos variados e múltiplos, toda essa complicação de recursos e minudências que a leitura de dramas e romances estrangeiros já o acostumou há alguns anos.*
>
> Gérard de Nerval

1

Naqueles mesmos anos em que Gonçalves de Magalhães escrevia as suas tragédias, outros escritores, de sua idade ou pouco mais moços, buscavam igualmente liberar o palco nacional da sujeição estrangeira. Dois entre eles avultam, pela constância com que se empregaram ou pelo renome que acabaram por adquirir no teatro. O mais velho, francês de nascença e brasileiro por adoção literária, assinava-se, em português, Luis Antonio Burgain (1812-1877). O mais jovem é o nosso conhecidíssimo Luis Carlos Martins Pena (1815-1847), que chegou à posteridade graças às comédias, não aos dramas descabelados compostos na juventude.

O universo dramatúrgico no qual estavam mergulhados – uma mistura de melodrama e drama histórico romântico, indivisível a não ser pela análise – opunha-se radicalmente a tragédias como *Antônio José e Olgiato*. A ação, uma só no classicismo, estilhaçara-se, dando origem a um enredo cheio de voltas e reviravoltas, de protagonistas e antagonistas que se batem em vários confrontos menores até atingir o ponto de saturação no grande e decisivo confronto final. Esta era a oportunidade esperada pela Divina Providência para manifestar-se, recompensando os bons e punindo os maus. O vilão afirmava-se como tal, recorria através de alusões e imprecações ao inferno, ao Mal absoluto, ao passo que o par amoroso, submetido a toda sorte de provações, aguardava sereno o momento de poder proclamar publicamente, como acontece em três peças de Martins Pena – "Deus é justo"[1].

Calabar, personagem de *Fernandes Vieira ou Pernambuco Libertado*, drama em verso de Burgain, explicita esta presença direta do sobrenatural, ao dirigir-se em pensamento à heroína de seus funestos sonhos amorosos:

> Ensinam-me que aos homens Deus há dado
> Dois anjos – um de luz, outro de trevas –
> Que as almas de contínuo se disputam...
> Pois bem! serei vosso anjo malfazejo!

Nada de parecido se encontra nas peças de Gonçalves de Magalhães, não obstante o seu nítido substrato católico. Olgiato apela a Deus, procurando alguém que assuma por

---

1. L. C. M. Pena, *Teatro de Martins Pena*, vol. II, Dramas, Instituto Nacional do Livro, Rio de Janeiro, 1956, pp. 97, 252, 356. Todas as citações do autor procederão desta fonte.

ele o ônus do tiranicídio. Em vão, porém. A ação permanecerá até o fim no campo do político, do filosófico. Deus é o juiz supremo – conclusão a que se chega no *Antônio José* –, mas não intervém entre os homens, aos quais concedeu, com o livre-arbítrio, a responsabilidade por seus atos.

Também o amor não se apresenta da mesma forma em *Olgiato* e nos dramas de Burgain e Martins Pena. Naquele não passa de um ornamento, que se enxerta no enredo para enriquecê-lo emocionalmente. Nestes é o alicerce que sustenta a ação, construída, à maneira do teatro francês – e aqui tragédia e drama dão-se as mãos – em torno do triângulo de amor. *Vitiza ou O Nero da Espanha,* drama em verso de Martins Pena, chega, neste ponto, ao máximo. São dois os triângulos, ainda que enlaçados de maneira a formar uma cadeia contínua. No primeiro, Aldozinda é disputada por Rodrigo (o protagonista) e Vitiza (o antagonista). No segundo, Orsinda, amante de Vitiza, disputa Rodrigo com Aldozinda. Este segundo triângulo desfaz-se quando se descobre que Orsinda é na verdade Sara, a mãe judia de Aldozinda. O ódio à rival transforma-se, nela, de imediato, em amor maternal. Quanto ao outro triângulo, o fundamental, só desaparecerá nas cenas derradeiras, com a morte do "Nero da Espanha".

A diferença maior entre as duas dramaturgias, contudo, não se prende à execução, mas à proposta estética, ao modo de encarar o teatro, em suas relações com a literatura. Gonçalves de Magalhães via-se como poeta e pensador, alguém que, colocado em plano superior, dirige-se aos seus pares. Burgain e Martins Pena sonham em ser artesãos do palco. Visavam em primeiro lugar o público, não uma entidade abstrata, mas o público real, o existente naquele momento no Rio de Janeiro, mesmo que para conquistá-lo fosse necessário lançar mão de todos os truques do ofício, armazenados durante gerações. A originalidade não era o objetivo deles. Ao contrário, bom efeito dramático ou melodramático era o que já funcionara inúmeras vezes, aquele que funcionava sempre, como falsas mortes (ou notícias de falsas mortes), com direito à ressurreição no palco, ou trovoadas oportunas, que respondiam nas alturas aos crimes e desmandos cometidos na terra.

O desenrolar do enredo, em seu todo, consistia em opor a verdade à mentira, em descobrir o encoberto, em trazer de volta os delitos ignorados do passado. Não é por outro motivo que as personagens se apresentavam tão freqüentemente encapuçadas, protegidas do olhar alheio por capas, máscaras, e até mesmo armaduras (em peças medievais), com viseiras que só eram erguidas, entremostrando o rosto, quando tivesse chegado o momento.

A técnica do "suspense", habitual no teatro, dependia do que os franceses chamavam de *numérotage*: a ordenação das entradas e saídas de cena, que se deveriam efetuar sob pretextos aceitáveis e de modo a permitir que os acontecimentos presentes preparassem os futuros, mas não a ponto de sacrificar algumas das surpresas contidas no texto. Autores e público fechavam os olhos à inverossimilhança, desde que com isso se ganhasse em impacto dramático.

Ernest Legouvé, autor do sucesso e memorialista de agradável leitura, esmiuçou muito bem esta trabalhosa carpintaria teatral. Ele conta que Scribe, o mais hábil manejador de enredos da época, ao arquitetar, ao seu lado, o drama *Adrienne Lecouvreur*, que permaneceria no repertório das grandes tragédias durante todo o século XIX, começou imediatamente a lançar no papel a *numérotage* do primeiro ato: "cena primeira: a Princesa de Bouillon, o Abade; cena segunda: os mesmos e a Duquesa de Aumont; cena terceira: os mesmos e o Príncipe de Bouillon". Mas como – indagou Legouvé –, se ainda não completamos sequer o plano geral da peça? "Eu sei, respondeu-me ele, que o Príncipe de Bouillon deve aparecer duas vezes neste ato, e se não o coloco logo aqui, não saberia depois como me arranjar"[2]. A estrutura teatral, com regras práticas próprias, referentes à preparação dos efeitos, antecipava o diálogo.

---

2. E. Legouvé, *Soixante Ans de Souvenirs*, Tomo II, J. Metzel, Paris, 1887, p. 176. O Príncipe de Bouillon teria sido, na vida real, amante de Adrienne Lecouvreur, famosa atriz francesa do século XVIII.

Os dois jovens autores brasileiros estavam longe de possuir esta maestria, este infalível golpe de vista. Mas seus modelos ideais estavam entre os *faiseurs*, os fazedores de peças, não entre os escritores ciosos de sua originalidade. Teatro aprendia-se repetindo e imitando os mais experientes.

A obviedade, a ausência de ambigüidade na comunicação com o público, são básicas no melodrama. Notou-o Peter Brooks, ao estudá-lo em seus anos de formação, entre 1800 e 1830, ressaltando nele "o emprego de um léxico claro e simples", apesar de pomposo, utilizado para exprimir "absolutos morais e psicológicos"[3]. Nas peças de Martins Pena e Burgain, esse papel de esclarecimento junto ao público é entregue em boa parte aos freqüentes monólogos. A função deles – observou Brooks em relação aos originais franceses –, é somente dramática, não a de aprofundar conflitos interiores, como em Racine ou Corneille. Na economia interna das peças brasileiras, cabia ao solilóquio ligar uma cena coletiva a outra ou rememorar o que acabara de suceder, projetando as possibilidades imediatas. O público era orientado pelo autor como uma criança que o adulto guia com as mãos em seus primeiros passos, não a deixando cair. O diálogo, a palavra escrita, verbalizava tudo, os bons e os maus intuitos, os sentimentos confessáveis e os inconfessáveis, acolhendo tudo aquilo – as coisas sentidas e não expressas – que os atores, nas peças modernas e depois de Stanislavski, acostumaram-se a chamar de subtexto. No melodrama basta que o ator diga com propriedade a sua fala para que seja obtida a totalidade do efeito ambicionado.

De fato, a diferença entre melodrama e drama histórico romântico, além do imenso desnível de qualidade literária entre os autores, estava menos nos processos que no conteúdo e alcance moral. Quanto à natureza humana e à organização da sociedade, o melodrama era otimista, o drama, pessimista. O melodrama acreditava na Divina Providência,

---

3. P. Brooks, "Une Esthétique de l'Étonnement", in *Poétique*, n° 19, 1974, Seuil, Paris, p. 343.

o drama mostrava-se fatalista ou cético. O melodrama acabava bem, como a comédia; o drama acabava mal, como a tragédia. Quando começaram a chegar aos palcos da França, após 1830, as peças recheadas de assassínios, estupros e quase incestos de Victor Hugo e Alexandre Dumas, o já meio aposentado Guilbert de Pixerécourt, criador do melodrama, saiu de seus cômodos, em 1834, para colocar as coisas nos devidos lugares:

> Há já seis anos que se vêm produzindo muitas peças românticas, isto é, más, perigosas, imorais, desprovidas de interesse e verdade. Pois bem, no auge de tais peças, compuz *Latude*, com o mesmo gosto, as mesmas idéias e os mesmos princípios que me dirigiram por mais de trinta anos. Esta peça teve sucesso idêntico às anteriores. Por que, então, os autores de hoje não fazem como eu? Por que as suas peças não se assemelham às minhas? É que eles não têm nada de parecido comigo, nem as idéias, nem os diálogos, nem a maneira de fazer um plano; é que eles não têm o meu coração, nem a minha sensibilidade, nem a minha consciência. Não fui eu, portanto, que estabeleci o gênero romântico[4].

O velho mestre, se os conhecesse, não ficaria desapontado com os seus jovens discípulos do Brasil. Nos chamados dramas de Burgain e Martins Pena, a virtude, localizada na castidade feminina e na lealdade masculina, triunfa sempre, embora à custa de muito sofrimento. Ainda bem que Deus existe – parece dizer-nos os dois autores. Se Deus, no palco, escreve por linhas tortas, nunca deixa de endireitá-las a tempo. Tudo para desencargo de consciência do público e para o maior bem da bilheteria.

2

O ciclo dramático de Martins Pena, no sentido de peças qualificadas pelo autor como dramas, começou depois mas terminou antes que o de Burgain. Com a possível exceção da *Itaminda*, que traz no manuscrito a data de 1846, sobre

---

4. Cf. W. G. Hartog, *Guilbert de Pixerécourt*. Honoré Champion, Paris, 1913, pp. 231-232. Grifo do original.

a qual, aliás, pairam dúvidas[5], todos os dramas, do escritor fluminense são anteriores a 1840, quando ele, aos vinte e cinco anos, passou a dedicar-se unicamente à comédia.

Fernando ou O Cinto Acusador (título citado por quase um século como *O Santo Acusador*), "escrito provavelmente antes de 1837"[6], na opinião de Darcy Damasceno, o cuidadoso editor do teatro de Martins Pena, parece mais um rascunho desenvolvido do que um texto acabado. Se vários galicismos sugerem tradução do francês, certas incoerências quanto ao local da ação e até quanto ao nome das personagens, falhas que não escaparam ao editor[7], configuram antes uma obra lançada ao papel de um só jato e por um autor ainda em fase de aprendizado. Para esta impressão de imaturidade técnica contribui também o título, que distingue, não o protagonista, mas o vilão da peça[8], o Conde Fernando, aventureiro italiano fascinado pelo "poder do ouro", jogador, debochado (na acepção sexual francesa de *débauche*). As suas vítimas são dois franceses, no presente o valoroso Capitão D'Harville, e, no passado, o pai dele, encontrado morto no subterrâneo de um castelo, tendo ainda nas mãos, como prova do crime, o indigitado "cinto acusador". A propósito desta descoberta macabra, que faz D'Harville recuar "horrorizado", comenta R. Magalhães Júnior: "E não seria para menos. Quem não se espantaria ao encontrar um esqueleto *sentado* em cima de uma pedra?"[9]

---

5. Martins Pena, *Teatro*, vol. I, Instituto Nacional do Livro, Rio de Janeiro, 1956, p. 9. Darcy Damasceno acha que 1846 seria o ano de revisão, não o de elaboração da peça: "Os planos e variantes levam a supor que *Itaminda* pertence à primeira fase da produção de Pena".
6. Martins Pena, *op. cit.*, vol. I, p. 8.
7. Martins Pena, *op. cit.*, vol. II, pp. 47-48. As citações seguintes serão sempre deste volume.
8. Talvez se possa ver nesta valorização do antagonista, a influência de romances góticos ingleses, como *The Monk*, de 1776, e *The Italian*, de 1797. Mas, nesta hipótese, seria necessário engrandecer a maldade até elevá-la à máxima potência, como souberam fazer, respectivamente, M.G. Lewis e Ann Radcliffe.
9. R. Magalhães Júnior, *Martins Pena e sua Época*, Lisa-Instituto Nacional do Livro, Rio de Janeiro, 1972, p. 47.

Se algum interesse crítico desperta este drama, que já foi encenado modernamente em São Paulo como farsa involuntária, reside apenas no acúmulo de incidentes melodramáticos necessários ao ritmo frenético da ação. Ou, talvez, na sombra projetada sobre ele pelas tragédias de Shakespeare, vistas pelo ângulo novelesco, e pelo romance gótico inglês de fins do século XVIII. O lado satânico do enredo é enfatizado por Fernando:

> Ah, o inferno, por que não me manda ele um cúmplice? Terá medo? Espantam-lhe meus crimes? Espíritos infernais, vinde, vinde servir à minha vingança, vinde inventar novas torturas para eu saborear os prazeres dos deuses, a vingança.

Este cúmplice, que ele pede, existe na peça. Mas morre prematuramente, ao vislumbrar, sob a forma de fantasma, o pai do Capitão D'Harville, que ele deixara morrer de fome nos porões do castelo: "Fantasma, deixai-me, deixai-me! Oh, oh, ele me aperta em seus braços! (Faz esforços para sair das mãos dos criados que o sustentam) Deixai-me! deixai-me! Perdão, perdão! (Cai morto na cadeira)".

Esta morte, a segunda morte sentada da peça, arranca do Marquês de Salviati, pai de Sofia, a dama disputada por Fernando e pelo Capitão D'Harville, uma reflexão não isenta de sabedoria cristã: "Eis o resultado do crime, os remorsos! Desgraçado que não pensava que a justiça divina não dorme! Possa o vosso arrependimento fazer perdoar os vossos crimes".

O final, fato raro no melodrama, foge à alçada da Divina Providência. Fernando apunhala covardemente Sofia e o Capitão D'Harville, porém não antes deste aprazá-lo para comparecer "daqui a uma hora diante do tribunal infalível". E tomba, ele também, o vilão, ferido mortalmente por circunstantes. Após três atos e seis quadros, pode-se dizer que o combate, como o do *Cid*, cessou por falta de combatentes.

As duas peças seguintes, escritas em 1838 e 1839, passam-se em Portugal, do qual, no campo dramático, não nos havíamos ainda desprendido. Filhos recentemente emancipados, julgavamo-nos, ao que parece, com direito à herança histórica paterna, sobretudo na parte relativa aos feitos medievais, anteriores à descoberta do Brasil.

D. João de Lira ou O Repto – assim o denominou Darcy Damasceno[10] – começa como um arrebatado drama de capa e espada. Mas termina em tom cavalheiresco, próximo de Walter Scott.

São dois nobres que lutam pela mesma mulher. Todos se embuçam para enganar melhor. Há profusão de capotes, de máscaras, de salteadores, de sonhos indiscretos em voz alta, de moças raptadas e encarceradas pelo vilão ("ela será minha ou da morte"), de imprecações diabólicas ("Por Lúcifer") que despertam "Trovoada ao longe".

Mas do meio para o fim muda o colorido. Um pajem vestido de trovador canta um Romance, os dois rivais aceitam disputar um torneio que será decidido pelo dedo de Deus, na mais refinada tradição medieval. O repto entre protagonista e antagonista, que em *Fernando* ficara adiado para o céu, concretiza-se na terra mesmo, com a vitória do bom sobre o mau cavaleiro. (Estamos em 1400, no reinado do mestre de Avís, e quem comanda o último e fatal duelo é o próprio Condestável de Portugal). D. João I fecha festivamente o espetáculo: "Glória a Deus no céu e a el-rei na terra". "Toca a música e no meio de uma geral alegria abaixa o pano".

D. Leonor Teles, uma das duas Leonores fatais da história portuguesa (a outra, Leonor de Mendonça, será dramatizada pouco depois por Gonçalves Dias), faz-nos voltar de 1400 a 1383, ano em que o Infante D. João, Mestre da Ordem de Avís, ao matar o Conde de Andeiro, amante da Rainha D. Leonor, viúva do rei D. Fernando, coloca de fato, se não de direito, a sua candidatura ao trono de Por-

---

10. Existem duas versões da peça, uma autógrafa e a outra apógrafa, destinada provavelmente à representação (há nomes de intérpretes colocados à margem de algumas personagens). Pelas notas sucintas de Darcy Damasceno depreende-se, se não nos enganamos, que a primeira, em três atos, chamava-se *D. João de Lira*, e a segunda, em cinco atos, *O Repto*, como se lê, aliás, no fac-símile anexado ao volume (Cf. Martins Pena, *op. cit.*, vol. I, p. 9; vol. II, p. 51; e Apêndice sem numeração).

tugal. Martins Pena, contudo, julga a ocorrência demasiada crua, ofensiva aos bons costumes. Escreve no Prefácio:

> Recuei diante da idéia de apresentar na cena o Infante D. João abrindo caminho para o trono que tão nobremente ocupou por um assassinato e tive então de lançar mão de Lourenço Cunha, primeiro marido de D. Leonor [...]

A liberdade histórica tomada por ele levava em consideração que "não tem o Drama a extensão da História para poder mostrar um reinado inteiro, e que a sua missão não é contar fatos, mas sim descrever caracteres de personagens [...]". Salvava-se dessa forma a moralidade pública:

> Apresento neste drama as seguintes lições morais: D. Leonor esquece-se do juramento dado perante Deus a seu esposo [...] e é castigada pela mesma ambição motora de seus crimes; D. Fernando paga com (os) amargurados dias que passou, e com a morte, a sua fraqueza e inconstância; e Andeiro acaba violentamente por ousar lançar cobiçosos olhos sobre o Trono.

Esse quadro, de modo geral, é o descrito por Fernão Lopes em suas crônicas, fonte de toda uma tradição. Se ela é ou não verdadeira, se Leonor foi ou não amante do Conde de Andeiro, antes ou depois da morte de D. Fernando, se este mostrou-se fraco ou forte no exercício do poder, são questões abordadas de passagem na peça e discutidas modernamente, mas irrelevantes do ponto de vista dramático, já que o romantismo sempre se reconheceu mais na lenda que na realidade.

A troca do assassínio, que passa das mãos do Mestre de Avís para as de João Lourenço da Cunha, é a única invenção histórica de Martins Pena, que tinha de achar uma razão para que o primeiro marido de D. Leonor, cujo casamento fora anulado pelo Vaticano, tardasse tanto em tirar vingança. O autor a encontra através de um raciocínio plausível na época. A desafronta não acontece logo porque assassinar D. Fernando significaria regicídio. O próprio Lourenço, ao pensar em tal absurdo, recrimina-se acremente: "Insensato, que fazes? Já te esqueceste que é contra o teu rei que desembainhas o punhal? Contra aquele cuja cabeça é ornada de radiante diadema, alto distintivo da divindade?"

Com o falecimento do rei, estava afastado tal obstáculo, de natureza moral e religiosa. O marido abandonado punirá D. Leonor ao matar-lhe o amante. A dureza medieval, tão presente nas crônicas de Fernão Lopes, torna-se, graças a esse expediente, moralidade burguesa, defesa, ainda que atrasada, da honra conjugal.

Nem por ser histórica – na medida em que o é, com o seu fundo de conflito entre dois Papas e a irritação dos portugueses contra os aliados ingleses – deixa a peça de enovelar-se como um folhetim. Duas tramas digladiam-se em cena: a de D. Leonor e do Conde de Andeiro contra o Infante D. João, possível rival na transmissão do trono; e a de Lourenço da Cunha, impedindo que as intrigas arquitetadas pelos dois vençam. É ele, o defensor oculto de D. João, que enfrenta com ardil, o ardil, com embuste, o embuste. É ele que na escuridão (física e não apenas metafórica) usa uma "lanterna furtafogo" e que, na presença do rei, veste de início uma "armadura de aço", com a "viseira calada". Da Cunha – como o chama às vezes, curiosamente, Martins Pena – só não admite acordos com a ex-esposa: "Seria mais fácil a vítima ligar-se com o algoz, o céu com o inferno, e Deus com os anjos das trevas".

D. Leonor, não esqueçamos, tem ao menos uma desculpa aceitável: ela ama Andeiro. Quanto a este, não possui nem sequer tal escusa. Nada o move a não ser a ambição. A mulher perverte-se ocasionalmente. Já o homem pode ser mau em si mesmo e por si mesmo, porque é ele o motor da ação. D. Leonor cede somente o trono. Andeiro terá de pagar a vilania com a vida.

Os dramas de Martins Pena vinham crescendo em escopo e tamanho. *Vitiza ou O Nero de Espanha* chega, nesse sentido, ao ápice: cinco atos, em verso, precedidos por um alentado Prólogo. A sua matriz histórica seria a mesma de *Leonor Teles*:

A fonte para a elaboração desses dramas de ambiência ibérica deve ter sido *L'Histoire Générale de Portugal depuis l'Órigine des Lusitaniens*, de M. de La Clède, um dos amigos de Voltaire, e que Luis Carlos [Martins Pena] pode ter lido, quer no original francês, quer numa das traduções para o português. Nessa *Histoire* é que Martins Pena buscou o apelido, aplicado ao rei *Vitiza*, de *Nero da Espanha*; e é com a mesma abundância, desenvoltura e inverossimilhança de autores seus contemporâneos que ele tece episódios fornecidos por M. de la Clède que, aliás, carece freqüentemente de dados históricos seguros[11].

Vitiza, encenado em 1841, o único drama do autor a ter esse privilégio, não é melhor que os outros. É apenas maior, servindo para retratar as expectativas do jovem Martins Pena, relacionadas antes com o rico teatro europeu do que com uma realidade cênica pobre como a nossa. O seu gigantismo evidencia-se já na lista de personagens: 16 com direito a nome próprio, mais quatro embaixadores (turco, lombardo, saxônico, francês), mais um Núncio do Papa, mais "uma criada, dois pregoeiros, nobres, soldados, povo, criados". E, ainda assim, deixa de lado um Eremita, de papel pequeno mas destacado no enredo: é através dele que se lança a primeira luz sobre o passado de Orsinda. Está aberto o caminho para a revelação central da peça, a que começa a desembaraçar o nó do enredo. Orsinda, sem que ninguém o saiba, nem ela mesma, é mãe de Aldozinda. O reconhecimento se faz graças a um chavão cênico tão conhecido que recebera até um nome genérico – *la croix de ma mère* – no jargão crítico francês:

Orsinda: (tira do seio metade do anel que em uma fita está suspenso e o mostra a Aldozinda.)
Aldozinda (tira do seio a outra metade).

A substância e a forma deste ambicioso drama não diferem senão em grau do que já se tem visto: virgindades ameaçadas e salvas na última hora, parricídio seguido de maldição paterna, muita gente encapotada, apartes informativos ("convém dissimular"), portas falsas, falsas identidades, fantasmas, ressurreição de mortos, apelos ao demônio, três crimes cometidos num só dia. E, sobrepondo-se a tudo, invisível e vigilante, a justiça divina.

11. L. Hessel e G. Raeders, *O Teatro no Brasil sob D. Pedro II*, Instituto Estadual do Livro, Porto Alegre, 1979, p.79.

Vitiza é o tirano. Mas não se questiona o tiranicídio como ato político. Ele é um dado dramatúrgico, o antagonista que, dono do poder, ousa mais e exige mais dos protagonistas. É entre estes que se esboça uma rápida discussão sobre a tirania, tendo como referência a posição da Igreja:

Roderigo – Os tiranos são loucos, nunca pensam
   Que o sangue sobre a terra se fecunda
   Iras erguendo que em vinganças acabam.
Teodofredo – Mas deste sono o despertar é horrível.
   . . . .
   E tu te esqueces
   Que no Sexto Concílio de Toledo
   Graves penas marcou-se aos regicidas?
Pelagio – Infalíveis não são os nossos concílios.
   O Quarto de Toledo aos reis protege,
   O Quinto, ao povo.
Roderigo – Quando a divergência
   Faz aos homens de Deus dar leis contrárias,
   Seja o guia a razão.

Já Vitiza fornece um motivo mais apropriadamente gótico – não fosse ele godo – ao seu proceder:

   Tormentos quero, lágrimas, suspiros,
   Que aos corações martirizar só possam.
   Eu quero ver sofrer – mortos não sofrem!

Nada se poderia desejar a mais em matéria do sadismo refinado. O leitor desconfia, porém, que esses adiamentos da execução encobrem, no fundo, menos a maldade em estado puro, como alegada, do que a necessidade de não precipitar soluções isoladas, privando o enredo de sua tensão máxima. Numa trama bem arquitetada todo o desfecho ocorre de uma só vez.

Como teatro, *Vitiza* significa um passo dado em direção à peça de grande espetáculo, tendo como exemplo, talvez, o que sucedia na França com a "grande ópera". O texto incorpora não somente os cenários, descritos com forte cor local – tanto mais local quanto mais imaginária – mas também o jogo de cena. Veja-se esta fala, sustentada inteiramente por indicações cênicas:

Orsinda – Eis aqui o punhal,
  (*passa a mão direita na folha do punhal, por ter este na mão esquerda para mais facilidade do jogo de cena, e a mostra ensangüentada*)
  – o sangue,
  (*sai diante da porta onde se conservava até então e aponta para dentro*)
  – e o corpo!

Ou então esta rubrica, que ilumina o que se requeria do ator dramático:

Roderigo levanta-se furioso e como um louco diz as palavras abaixo, andando pela cena com passos largos e descompassados, arrancando os cabelos e mordendo os punhos de desesperação.

A música, nunca esquecida pelo melodrama, estando-lhe na raiz histórica e etimológica, vai crescer de importância, juntamente com o bailado, parecendo desejar competir com a ópera. Para só ficar com um exemplo, entre muitos outros, leia-se a rubrica seguinte, relativa à festa oferecida por Vitiza aos embaixadores estrangeiros:

Enquanto o coro canta os dançarinos dançam, e logo que aquele acabe, estes tomam outra vez os seus lugares. Os contrabaixos e violoncelos da orquestra tocam uma música somente em *pizzicato*, formando uma espécie de harmonia bárbara. Os soldados hunos, vestidos de peles de animais e armados de espadas e escudos, executam uma dança guerreira, batendo com as espadas nos escudos. Acabam a dança fazendo grupos pitorescos pela sala. Música alegre e marcial.

Nada disto é propriamente novidade no teatro popular da época, dirigido, ao mesmo tempo, aos olhos e aos ouvidos. Mas raras vezes, queremos crer, em tais proporções. Martins Pena era sempre por excesso. Com medo, porventura, de fazer pouco, faz demais, comprometendo o equilíbrio entre verossimilhança e inverossimilhança que se achava nos bons melodramas. Quantas horas de espetáculo – e de atrocidades góticas – não consumiriam os seis atos (contando-se o Prólogo) do *Nero de Espanha*?

Itaminda ou O Guerreiro de Tupã, pelos cálculos de Darcy Damasceno, foi revisto em 1846, com base em versão mais antiga. Este ano, contudo, aquele em que Gonçalves Dias preparou a publicação dos seus *Primeiros Cantos*, revitalizando o indianismo, serve de modo especial à concepção deste "drama indígena"em três atos. Representaria, em tal caso, o desejo, por parte de Martins Pena, de atenuar um pouco a melodramaticidade do enredo, conformando-o à simplicidade e nobreza que o romantismo supunha no índio nacional – o homem segundo a natureza.

O conflito maior da peça ocorre entre indígenas e portugueses, "na Bahia de Todos os Santos, no ano de 1550". Ou seja, nos primeiros anos da colonização, quando era ainda frontal o choque entre invasores e invadidos (perspectiva de agora que não coincide com a do texto). Mas, dentro de tal moldura, mostrada meio de raspão, principalmente através da portuguesa D. Beatriz, prisioneira dos tupinambás, desenvolve-se um segundo conflito, que é o verdadeiro eixo da peça. Itaminda, chefe da tribo, enamorado da prisioneira branca, a quem ama de um modo respeitoso e sublimado, opõe-se a Tibira, que, declara textualmente, só quer "gozá-la". A invenção dramática consiste em que o herói, o bom selvagem, aparece cindido moralmente, dividido que está entre os de fora e os seus (é casado com Moema e tem um filho pequeno). A sua traição assegura a vitória dos portugueses, que acabam por entrar triunfalmente em cena, enquanto o fogo se alastra por toda a aldeia. E nada nos impede de atribuir "ao clarão do incêndio que abrasa a floresta" – sem dúvida um belo efeito cênico – o valor simbólico de uma cultura que se extingue.

O sentido paternalista europeu, reinante em todo o entrecho, transparece com muita nitidez na derradeira troca de palavras entre a jovem portuguesa e Itaminda, que a ama com um fervor quase sagrado:

Itaminda (vendo entrar Beatriz, levanta-se e a custo chega-se para ela)
   Beatriz! *(levanta o braço para o céu e cai morto a seus pés)*
Beatriz – Pobre selvagem! Que amor!

A cor local não é tão intensa quanto em *Vitiza*: a ação repousa mais sobre a fala, interiorizada pelo protagonista em algumas cenas, do que sobre o espetáculo. Além disso, diminuíra sensivelmente, entre uma peça e outra, a margem de fantasia concedida ao autor. A Bahia do século XVI distava certamente muito menos do público brasileiro que a Espanha gótica do ano 700. Mesmo assim, Martins Pena não deixa de colocar no palco certas notas pitorescas. Pássaros atravessam voando a cena, um papagaio ensinado fala "Beatriz"(surpreendente golpe de cena) e assiste-se a um bailado indígena, descrito concisamente: "Logo que tenham finalizado a dança, que simulará um combate, dão todos um grito de guerra". As indicações restantes viriam durante a criação do espetáculo, orientada, provavelmente, como era costume, pelo autor da peça. O interesse visual seria ainda despertado pela luta corporal travada por Itaminda e Tibira. Esse encontro entre dois inimigos mortais, tendo como sustentáculo uma frágil ponte lançada entre montanhas, não era desconhecido do melodrama francês. Mas, neste ponto, o drama nacional vai além: os dois caem no riozinho que passa providencialmente por baixo.

As histórias do teatro assinalam que, se na tragédia clássica a unidade era a peça em sua totalidade e se em Shakespeare cada cena constitui uma unidade, no drama romântico a unidade cabe ao ato, que possui, em Victor Hugo, por exemplo, não só princípio, meio e fim, como o seu título específico. É o caso de *Itaminda*, dividido em "A Partida para a Guerra", "O Guerreiro Banido" e "A Traição". Poder-se-ia, no entanto, propor outra divisão, mais poética e não menos derivada do texto: "O Canto de Guerra" (dos tupinambás), "O Canto da Derrota"(de Itaminda) e "O Canto da Vingança"(de Moema, esposa de Itaminda, que põe fogo na aldeia para vingar-se do marido). Os atos fecham, a exemplo de *Vitiza*, com um "Quadro Geral"(tradução do *Tableau Général* francês). Os atores, pronunciadas as últimas réplicas, deviam ficar por um breve instante parados em suas posições, como estátuas vivas, antes de descer o pano.

Aqui está o final do segundo ato:

Anhandá – Tupã nos ouve e confirma a nossa sentença!
(*grande estampido de trovão*)

Itaminda – Acautelai-vos!
(*As mulheres que estão em cena mostram-se aterrorizadas e os guerreiros levantam a cabeça com altivez e orgulho. Quadro geral*).

No mais, *Itaminda* não se distingue de outras peças. Tupã e Anhangá substituem como podem Deus e o demônio, e o enredo constrói-se sobre três triângulos: Moema-Itaminda-D. Beatriz; Itaminda-D. Beatriz-Tibira; Itaminda-D. Beatriz-D. Duarte (e esta "dona", com o respectivo "dom" de seu noivo português, Duarte, já marca quem são na peça os legítimos senhores). Os elementos constantes, como se nota, são Beatriz e Itaminda.

A peça indígena, retomada alguns anos mais tarde por Joaquim Manoel de Macedo, com *Cobé*, nunca frutificou. Se a poesia e o romance, formas líricas ou narrativas, prestavam-se ao distanciamento necessário à estilização do índio, o teatro, fundado na presença física da personagem, no contato imediato com o público, levantava obstáculos difíceis de contornar. Como vestir, por exemplo, os indígenas? Exibi-los em sua nudez, ainda que parcial? O decoro não permitiria. Europeizá-los? Perder-se-ia o pitoresco e a verossimilhança. O detalhe concreto rompia forçosamente o sonho romântico.

O sucesso posterior do *Guarany*, devido à partitura de Carlos Gomes, parece ir contra semelhante argumento. Mas talvez venha confirmá-lo. O fato de se cantar (e de se cantar em italiano) colocava o espectador, desde que se abria o pano, num contexto imaginário capaz de transfigurar personagens e acontecimentos. A realidade do palco funcionava imediatamente no plano da ficção, como sucede a toda boa ópera. Pery é tenor, Cecília, soprano de agilidade – e está dito tudo.

Os dramas de Martins Pena permaneceram inéditos até a edição de 1956. Mas não fizeram grande falta à história do teatro brasileiro. Se alguma informação lhe acrescentou será apenas quanto aos arquétipos (o drama, o melodrama, a peça de grande espetáculo tendente à ópera, com laivos de romance gótico e de Walter Scott) que trabalhavam por volta de 1840 a imaginação de um jovem escritor brasileiro

– um dos poucos, de resto, que se dedicou com prioridade ao teatro.

3

Luis Antonio Burgain cultivou, ao lado da carreira de professor, o drama e a comédia como principais atividades literárias. Nunca chegou a ser encarado em pé de igualdade pelos escritores nacionais, nem costuma figurar nas histórias da literatura[12]. Mas foi editado com freqüência e teve as suas peças interpretadas por atores de renome, como os portugueses Ludovina Soares da Costa e José Joaquim de Barros, vindos em 1829, e os nacionais Germano Francisco de Oliveira e Florindo Joaquim da Silva, êmulos ou companheiros de João Caetano.

Numa Epístola Dedicatória, em verso, posta como preâmbulo da peça *Luis de Camões*[13], ele evocou as fases marcantes de sua vida: a infância tranqüila na França ("Da minha primavera os belos anos"); a juventude conturbada ("da adversidade o rijo sopro"); o exílio ("Amargo pão traguei na terra estranha"); e, ao cabo, a título de compensação, o final feliz no Brasil, onde encontrara

Longe da pátria, esposa, irmã, amigos...

Em relação ao teatro ele deixou um expressivo testemunho do que o palco significava, então, para um adolescente com pendores literários:

Quando infante, no templo de Melpomene,
Da orquestra em meus ouvidos enlevados

---

12. Dois livros especializados em teatro dedicam capítulos importantes a Burgain: L. Hessel e G. Raeders, *O Teatro no Brasil sob Dom Pedro II*, 1ª parte. Instituto Nacional do Livro, Porto Alegre, 1979, pp. 46-51; I. Huppes, *Gonçalves de Magalhães e o Teatro do Primeiro Romantismo*. Fates, Porto Alegre, 1983, pp. 154-162.

13. L. A. Burgain, *Luis de Camões*, Laemmert, 5ª edição, Rio de Janeiro, pp. IX-XIII.

As vozes retumbavam sonorosas,
Arquejava-me o peito, violento
Pulsava o coração, e convulsivos
Tremores pelos membros me corriam.

A imagem que emergia do palco, em devaneios poéticos como esse ou em modestas versões cênicas, era a do castelo medieval, o lugar de eleição de toda uma linha de ficção romântica, que tivera início com *O Castelo de Otranto,* de Horace Walpole:

O ruinoso castelo via erguer-se
Com suas altas ameiadas torres,
Seus muros verdejantes, suas pontes
Levadiças, seus fossos circulares.
As salas já penetro ermas e tristes,
Ornadas c'os retratos desbotados
E armaduras dos fortes cavaleiros;
Vago pelas imensas galerias;
Desço ao algar, ao cárcere medonho,
Em que de tantas vítimas infaustas
Os não-sepultos ossos adormecem.

Dir-se-ia o castelo no qual Fernando, protagonista da primeira peça de Martins Pena, trama a perdição de suas vítimas, até ser denunciado, entre outros, pelo *Cinto Acusador.*

Burgain estreou como dramaturgo, já escrevendo na língua do Brasil, em 1837, com vinte e cinco anos. Duas peças suas foram nesse ano comentadas por Justiniano José da Rocha[14].

A Órfã ou A Última Assembléia dos Condes Livres (anunciada, anos depois, provavelmente em nova versão, como *As Ruínas de Hermanstein ou A Última Assembléia dos Condes Livres*), pareceu ao crítico conter, "a par de alguns defeitos", "grandes belezas". Estas consistiriam no desenvolvimento dramático de certos episódios, devidamente assinalados. As falhas diziam respeito à verossimilhança.

14. *O Cronista,* 6-5-1837 e 12-8-1837. As críticas vêm assinadas com a letra R..

71

Uma delas, mencionada pelo cronista com franqueza e humor, prender-se-ia a defeitos de construção:

> e finalmente notaremos aqui como viciosa por desnecessária a morte de Elfrida, que morre de agonia e cansaço no princípio do segundo ato, ela que vimos sadia e frescalhona em todo o primeiro ato: dela não precisava mais o autor; matou-a: melhor seria não lhe ter dado nascimento.

Passa-se o drama no império germânico, durante o século XVI, no momento da extinção do Tribunal Secreto instituído pelos Cavaleiros Teutônicos, que, de defensores do cristianismo, se haviam arvorado em juízes atuantes à margem do poder imperial e com imensa força política. "Foi preciso – escreveu Justiniano – que abusassem, que sacrificassem vítimas a suas particulares vinganças [...], para que fosse enfim executado o decreto que contra eles fulminou o Imperador Segismundo".

Tal panorama histórico constitui o pano de fundo do entrecho (resumido, como de praxe, pelo crítico), formado por uma cadeia de crimes, uns executados no passado, outros em andamento no presente. O triângulo de amor, imprescindível nas peças francesas ou nascidas sob essa influência, é o centro em torno do qual se polarizam as personagens, definidas como boas ou más. No último descer do pano prevalece a justiça.

A propósito de *Camões,* representado já sob o nome de Burgain (a *Órfã* apresentara-se anônima), comentou Justiniano:

> O autor de que há meses pressentimos o talento dramático acaba de nos dar no Teatro Constitucional Fluminense sua segunda composição, mais perfeita, mais engenhosa do que a primeira. E como nos livros de Victor Hugo se inspirou para nos horrorizar com a justiça dos juízes-livres, na sua *Órfã,* assim no belo poema da Garrett bebeu ele inspiração para nos enternecer com os amores e infortúnios do amante de Natércia, do príncipe dos poetas portugueses.
>
> A deficiência da história supriu sua imaginação. Sabemos – aí estão os versos de Camões para o provar – que ele amou Catarina, sabemos que militou na Índia, que na Índia escreveu seus *Lusíadas.* Sabemos que de volta a Portugal viu-se obrigado a esmolar o pão da existência e a morrer de miséria e privações. Eis os poucos dados que lhe forneceu a história, o autor sobre eles baseou seu enredo.

Não importa que críticos modernos, interessados em provas materiais, ponham em dúvida até alguns destes dados elementares da biografia de Camões. Burgain, como a maioria dos românticos, preferia a aura criada pela tradição à realidade nua e crua (que ficava reservada para futuros movimentos literários).

O tom da crítica de Justiniano é benevolente, respeitoso, mas não entusiasmado. Quanto à linguagem, acusa e revela "os inevitáveis galicismos (bem desculpáveis num autor estrangeiro)". Com referência ao plano geral, ao sentido histórico mais alto, acredita que a figura de Camões, enquanto poeta épico da raça, sai um tanto amesquinhada, se lhe atribuímos, como motivo de sua partida para a África, "não o amor da pátria, esse sentimento generoso, não o brilhante sonho que Garrett lhe supõe no túmulo de D. Manoel, mas o amor de uma mulher, o desejo de alcançá-la". A crítica procede. Ignora, contudo, que o amor, novamente aqui em forma de triângulo, era menos uma possibilidade que uma necessidade na dramaturgia derivada da francesa. Camões, aliás, no texto de Burgain, tem dois rivais: um, bom, que lhe concede Catarina de Ataíde, protegendo os seus amores; o outro, mau caráter, intrigante, além de espanhol e poetastro, o que dá ensejo a uma digressão literária, perfeitamente dispensável, sobre o papel renovador do escritor português na poesia de sua terra.

A versão de 1837, designada sempre como *Camões* por Justiniano, difere, pelo enredo e pelas personagens secundárias, de *Luis de Camões*[15], publicada em 1845. Mas trata-se, basicamente, da mesma peça – nem seria crível que alguém escrevesse duas peças diversas sobre idêntica personagem. Burgain, tudo sugere, reescrevia sem cessar os seus textos, conferindo-lhes por vezes títulos diferentes. Este chamou-se também, em listas de obras publicadas ou a publicar, *Glória e Infortúnio ou A Morte de Camões*. Todas essas versões, acreditamos, celebravam, na existência

---

15. L. A. Burgain, *Luis de Camões*, Laemmert, Rio de Janeiro, 1845. Ivette Huppes (*op. cit.*, p. 158), faz o confronto entre *Glória e Infortúnio ou A Morte de Camões*, de 1857, e *Luis de Camões*, 1845.

tormentosa do autor dos *Lusíadas,* aquele conceito romântico de que a genialidade, por romper normas, atrai a fatalidade, que já vimos desenhado no *Antônio José,* de Gonçalves de Magalhães. Na Epístola Dedicatória de *Camões,* já citada, a vida do poeta português acha-se resumida nos seguintes termos: "Gênio, desgraça, amor, patriotismo".

Um traço, contudo, talvez pertença somente à edição de 1845, aquela que consultamos: a presença poderosa e subterrânea do jesuitismo. A então jovem Companhia de Jesus é apontada por Burgain como responsável, em última análise, por todos os males individuais e sociais acumulados pelo enredo, desde o desterro de Camões até a ruína de Portugal, perpetrada pelo funesto reinado de D. Sebastião. Uma teoria conspiratória para explicar a história, que encontrou a sua expressão mais forte na segunda metade do século XVIII, resultando na expulsão da Companhia de Jesus de Portugal e do Brasil, vê-se dessa forma retroagida a muito antes. Os jesuítas já estariam desde os seus primeiros anos tramando a ascensão da Espanha à custa de Portugal.

Portuguesas são igualmente as personagens de *Três Amores ou O Governador de Braga,* representada em 1848 e editada pelos irmãos Laemmert em 1860. Cada ato, como em *Luis de Camões,* tem denominação própria. Mas apenas o último, *Frei Eusébio,* foi composto em caracteres góticos. É que este frade um tanto misterioso, que se imiscui em tudo, que perpassa na cena como uma sombra constante, só no desfecho revela o seu verdadeiro nome. É ninguém mais ninguém menos que El-Rei D. Pedro – o Cru ou o Justiceiro, como se quiser, já que ele parece ter sido ambas as coisas. Não se trata, no entanto, do marido de D. Inês de Castro – ou amante, as dúvidas são muitas –, mas do soberano da maturidade, aquele que percorria as suas terras para fazer justiça com os próprios olhos, ou, se fosse o caso (a dar-se crédito a Fernão Lopes), com as próprias mãos.

O modelo desta vez são certas peças vindas da França, algumas representadas no Rio de Janeiro por João Caetano, que escolhiam para protagonista reis carismáticos ou esclarecidos – Pedro, o Grande, da Rússia, D. José II, da Áustria – que, contam as lendas, viajavam incógnitos pelo reino para desfazer injustiças cometidas por autoridades locais. Mas nada, neste texto, nem a linguagem, nem os costumes, denuncia o espaço e o tempo espelhados pelo autor: "Cidade de Braga, 1365". Tudo nele parece contemporâneo e burguês. A base do enredo é de novo fornecida por um triângulo de amor, que seria fatal para um rapaz e uma moça que se amam (ela tem mais dois pretendentes), não fosse a intervenção de D. Pedro. E a trama comporta duas partes mais ou menos iguais, a séria e a cômica, esta sempre a cargo de personagens de extração social mais baixa.

Outro produto da safra portuguesa de Burgain é uma peça representada e editada (pelos irmãos Laemmert) em 1845. O seu nome tem o ritmo e a rima dos provérbios que se fixam na memória: *Pedro-Sem, que já Teve e Agora Não Tem*. Se o drama é mesmo "fundado em fatos", como assegura a segunda edição, a que lemos, é difícil dizer. Mas tenha ele ou não um pé na realidade histórica, aliás distante – o texto coloca a ação "no reinado de D. José I" –, não resta dúvida que o seu enredo foi trabalhado longamente pela imaginação popular até transformar-se na história exemplar que passou a ser.

J. da C. Cascais, escritor português, que o versejou em 1847, à maneira dos "romances" supostamente medievais postos em moda pelo romantismo, declarou, em nota complementar, que a sua fonte foi uma tradição, "singela porque é para todos, e moral para que a todos aproveite". E acrescenta: "os últimos versos, com que remato, são fielmente os que andam na boca do povo [...]":

Quem dá esmola a Pedro-Sem
Que já teve e hoje não tem[16].

Antes desta data, e anteriormente à peça brasileira – mas a edição é posterior –, o dramaturgo português Inácio Maria Feijó, falecido em 1843, já havia aproveitado teatralmente esse motivo. Chama o protagonista, no entanto, de Pedro Cem. Na verdade, os dois nomes, Pedro Sem e Pedro

---

16. *Revista Universal Lisbonense*, 1848, pp. 56-57.

Cem, servem ao entrecho, que se desenrola como um diálogo entre a pobreza e a riqueza. Ambas as peças descrevem a mesma curva moral e contam, com variações de detalhe, a mesma história. Um homem da cidade do Porto, Pedro, abandona a noiva (Maria) que se dera a ele e com quem tivera uma filha, para casar-se com uma mulher rica; impelido pela ambição desmedida (e, na versão brasileira, por um falso amigo, Lourenço), ele ascende economicamente até atingir o pico: uma frota numerosa de navios (vindos da Índia, na versão brasileira; do Brasil, na portuguesa) está prestes a desembarcar, tornando-o talvez o homem mais endinheirado de Portugal; sobrevém inesperadamente uma tempestade que, afundando os navios, devolve-o à pobreza, de onde partira; reduzido a mendigo, anos depois, acaba por morrer arrependido, perdoado e reconciliado com a filha.

Burgain reforça os traços religiosos deste apólogo já por si cristão. O primeiro ato intitula-se "A Maldição" (lançada contra Pedro pelo pai de Maria). E o último, "A Mão de Deus". Se alguém ainda não compreendeu, a fala final explicita o sentido:

Padre – Ó tremenda lição! Aí vedes, estendido a vossos pés, coberto com os andrajos da miséria, morto ao canto de uma rua, aquele que julgava impossível ficar pobre! E o desgraçado que lhe causou a ruína, e julgava zombar impune, ali também o tendes, ferido pela mão da Divindade!... – Ambos mortos! mortos um pelo outro!... Ó meus filhos! Só Deus, só Deus é grande !!!

O papel de vilão, como se percebe, desdobrou-se numa segunda encarnação, a de Lourenço, para que o protagonista, Pedro, possa ser compreendido como um emblema do homem, de todo e qualquer homem, desde que ceda às tentações do mundo. Lourenço é a "alma danada" de Pedro, figura não ignorada pelo melodrama, aquele que incita o protagonista ao crime, ao desregramento sexual e social. Quanto ao jogo de coincidências (não apenas os dois vilões morrem à vista um do outro, mas Pedro é assassinado "por um terrível murro no peito", como outrora matara o pai de Maria), esses encontros fatais deixam de ser meros recursos dramatúrgicos na medida em que, assumindo funções pertinentes à justiça divina, passam a integrar a estrutura do enredo, como elementos necessários e significativos. Nada, neste tipo de peça, acontece por acaso.

A reviravolta do enredo – a peripécia da tragédia grega e o *turning point* dos ingleses – não esconde a intervenção direta do céu e o caráter demoníaco da vilania:

Pedro (*vindo para frente e como desafiando o Céu*):
– Ainda que Deus quisesse, eu já não podia ficar pobre!!!
(*escurece*)
Ó! Embrusca-se o tempo... As ondas se encapelam!
. . . .
Ó Lourenço! Lourenço, tua voz parece-me sair do inferno!

O ato fecha-se com um "Quadro" que, exprimindo a reação da natureza contra a blasfêmia humana, nem por isso deixa de enriquecer a grandiosidade do espetáculo:

Fica Maria erguida, com o braço estendido, em atitude majestosa, como se dominasse os elementos. A tempestade chegou ao seu auge; amiudados relâmpagos alumiam os objetos com uma claridade sinistra; e todo o horizonte apresenta o espetáculo de um vasto incêndio.

A providencial tempestade já aparecera em várias peças deste período. Mas sempre modestamente, em segundo plano, comentando a seu modo os acontecimentos. Agora ela ocupa o centro do palco. Faz parte da ação, como, neste momento, o seu principal componente. E só poderá objetar que não é comum ver-se chuvas intensas ocasionar incêndios (ou efeitos de incêndio), quem não entender o feitio simbólico da peça.

A espetaculosidade, aliás, preside todo este quarto ato. Horas antes, quando um tiro de canhão saudara a entrada da frota no porto e Pedro se preparava para alcançar o clímax de sua carreira de milionário, a rubrica correspondente descreve como se deveria comemorar o feito no palco, com a colaboração da iluminação (a gás, podendo crescer e decrescer) e da música. Um cenário (construído talvez em três dimensões) estaria pronto ao fundo, aguardando o momento da subida do telão que, em frente, representava até então uma simples sala. A indicação cênica é a seguinte:

> Ouve-se um tiro de peça; no mesmo instante rompem estrepitosos vivas e rasga-se o pano de fundo. Então aparece um vastíssimo terraço, todo iluminado. Além, o mar, terminado pelo horizonte. O sol vem nascendo e a luz do dia faz desmaiar as luzes da iluminação. Indivíduos de ambos os sexos, e de diferentes condições, estão sentados a uma mesa esplêndida. O banquete já passou a orgia. Rompe a orquestra e todos os convivas, voltados para o oriente, cantando com um copo na mão, celebram o nascer do dia [...].

Pedro-Sem enraíza-se de uma parte no folclore português e de outra em modelos teatrais franceses. Lembra, pelo propósito universalizante, duas peças de grande sucesso encenadas no Rio de Janeiro por João Caetano: *Trinta Anos ou A Vida de um Jogador* e *Os Seis Degraus do Crime*. É possível interpretá-las, todas três, de um ponto de vista psicológico. Pedro, por exemplo, é claramente um ressentido, em termos modernos. Mas no melodrama, como observou Peter Brooks, as conseqüências sempre ultrapassam de muito as causas. Não há nada que explique cabalmente a conduta de Pedro senão o partido religioso tomado pelo autor.

A característica formal desses melodramas morais, cujos títulos já resumem em si todo o enredo, é romper de vez com a unidade de tempo. Abarcando o período decisivo da vida de um homem, durante o qual ele forma e impõe aos outros a sua personalidade, sofrendo em seguida as conseqüências do seu egocentrismo, tinham eles forçosamente de exibir em cena, não horas, nem mesmo dias, mas numerosos anos. Com o alongamento do tempo, com essa visão panorâmica, muda todo o ritmo da peça. Surgem detalhes aparentemente realistas, tirados do cotidiano. A construção episódica, contrária à tensão e brevidade clássicas, deixa as personagens secundárias mais livres, menos submissas ao enredo.

É por aí que entra no texto de Burgain – só interessante por ser tão característico de um molde dramatúrgico – a comicidade, nunca desprezada pelo melodrama, mas raramente com tamanha freqüência. O *naif* do palco francês, interpretado às vezes por atores de grande popularidade, traduz-se aqui em termos de aldeão português, tolo ou esperto (tolice e esperteza igualmente saloias), tais como já existiam no entremez lisboeta. Um destes tipos, em nível intermediário entre patrões e servidores, o juiz de vintena Trancoso Anastácio da Purificação, "um sujeito mui gordo, sempre a alimpar-se do suor e abanar com o chapéu" (quem resistiria a tal conjunto cômico?), foi desempenhado por Manoel Soares, especialista do gênero, vindo de Portugal com a irmã Ludovina Soares da Costa, que fazia o papel de "Maria". E é por essa brecha cômica aberta na textura dramática que se introduz e ganha presença a personagem dramaticamente contraditória de Lourenço, um vilão que pretende horrorizar fazendo rir. O drama começa então a inchar, a demorar-se no anedótico, a quebrar o fio do enredo, a tornar-se difuso, acabando por se perder entre os dois caminhos que intencionava percorrer e unificar.

Justiniano José da Rocha referira-se em 1837, na crítica a *Camões*, aos "inevitáveis galicismos" do texto. Alguém, que se assinava José Gonçalves dos Reis, tentou livrar Burgain dessa pecha. Escreveu ele no Prefácio de *Pedro-Sem*:

> Relativamente à correção da frase, é pura, como a dos melhores puristas da nossa língua. O Sr. Burgain aprendeu português pelos clássicos portugueses; e a qualidade de estrangeiro é um motivo para não cair nos descuidos dos nacionais. Além disso, muitos anos de convivência entre Portugueses, sempre a estudar na teoria e na prática, autorizam tudo que possa sair de pena tão abalizada.

O portuguesismo de Burgain – seria ele casado com portuguesa? – não o impediu de escrever um dos primeiros dramas históricos nacionais, *Fernandes Vieira ou Pernambuco Libertado* (representado em 1843 e impresso em 1845 pela Tipografia Austral). A reação nativista empreendida pela Bahia e por Pernambuco, tida como precursora da Independência do Brasil, dera origem anteriormente a uma peça, "a inimitável *Expulsão dos Holandeses*", nas palavras de Justiniano José da Rocha, que a incluiu na "época belicosa" do teatro nacional, resumindo-a como um drama em que não se viam senão peças e mais peças, soldados e mais soldados, caboclada e mais caboclada! Era uma balbúrdia estupenda[17].

Essa peça é provavelmente a mesma que foi encenada em 1837, na Bahia, sob o título *A Restauração da Bahia ou A Expulsão dos Holandeses,* de autoria de Manoel Antonio da Silva[18].

A luta contra os holandeses, ao ser tratada por Burgain, tendo como centro Pernambuco, já adquirira a fisionomia histórica que perduraria nos livros escolares até hoje. O seu traço original consistiria em haver reunido, na defesa da terra, as três raças que formaram a nacionalidade brasileira. Fernandes Vieira representaria os portugueses; Henrique Dias, os negros; Camarão, os índios. O primeiro é o protagonista da peça, aquele a cuja sombra se abrigam não só os outros dois, mas também o par amoroso, constituído por Maria, sua filha adotiva, que participará dos combates protegida e escondida por uma armadura "com viseira descida", e por Afonso, filho de pais desconhecidos mas que se tornará digno dela pelos feitos guerreiros cometidos.

Fora desse núcleo nitidamente nativista, como uma cunha interposta entre ele e os holandeses, sobe ao primeiro plano, em determinadas cenas, uma personalidade controvertida, que fará longa carreira na ficção teatral brasileira: Domingos Fernandes Calabar – ou Calabar, simplesmente, já que esse sobrenome, tornando-se emblemático da traição, desapareceu. O problema dramático que ele propõe aos autores através dos tempos é sempre o mesmo. Como explicar a sua defecção em termos que não sejam puramente negativos? Afinal, a sua trajetória anterior comportara façanhas guerreiras ao lado dos brasileiros e assumiria, no desfecho, a recondução ao campo nacional e ao catolicismo. Burgain alega em sua defesa, em momentos diversos, três ordens de

---

17. "Revista Teatral", in *O Brasil,* 15-5-1841. "Peça" (de artilharia) vale como "canhão" e "caboclada" deve indicar mestiços de índios.
18. Cf. L. Hessel e G. Raeders, *O Teatro sob D.Pedro II.* Instituto Nacional do Livro, Porto Alegre, 1979, p. 138.

motivos, de natureza e valor desiguais: a certeza de que os holandeses já haviam ganho a guerra; o fato de ser "um mísero índio" (e não mulato, como em outras interpretações), cujos pais tinham sofrido nas mãos dos portugueses; e, sobretudo, completando o clássico triângulo, o seu amor por Maria, "amor fatal", sem esperança de retribuição. Ele coloca a questão num monólogo que repete internamente o conflito exterior a que está sujeito:

> E quem a tantos crimes arrostam-me?
> A vingança não foi. Em vão quisera
> Co'ela justificar-me aos próprios olhos.
> Foi o funesto amor que neste peito
> Ateou uma mulher que só com crimes
> Posso gozar; a fria indiferença
> Com que me mata essa mulher. Oh! antes
> Quisera que me odiasse! Porém, vê-la
> Abrasada por outro... Não! Não posso!...

O amor, sob a forma de ciúme, é o que impele Calabar a uma série de torpezas, inclusive a de tentar assassinar, por interposta pessoa, Vieira, o seu protetor, e Afonso, o rival feliz, antes de bandear-se para os holandeses. Mas morre contrito e perdoado, beijando o crucifixo oferecido por um padre, enquanto os presentes põem-se de joelhos e entra em cena, na surdina, uma "música religiosa, piano-piano". Vieira é quem diz a última palavra, dirigindo-se já a nós, seus pósteros:

> Oh! que nobres destinos não se antolham
> À terra que brotou tão nobres filhos!
> Troai! Troai!, canhões! Soai, trombetas!
> É livre Santa Cruz! E nossa glória
> Triunfante das eras, sobe aos astros!...
> (canhão, música marcial)

A trama, o enredo propriamente dito, excluindo-se o seu lado militar, de guerra heróica e festiva, não contém novidades: notícias de falsas mortes (a de Afonso e a de Vieira), tão surpreendentes para as personagens quanto para os espectadores, trovões de alcance moral, um incêndio espetacular ("aparece o horizonte todo inflamado"), reviravoltas no embate entre o Mal, que se encobre sob o manto da hipocrisia, e o Bem, que se apresenta a peito descoberto. Burgain, nas "Duas Palavras do Autor" que acrescentou à publicação, esclarece por que, contrariando os seus hábitos, escreveu a peça em verso. Fizera uma primeira versão, em prosa e em três atos, encaminhando-a, no ano de 1840, à Comissão Federal de Censura. Os elogios recebidos na ocasião animaram-no

a ampliar o meu drama e a versificá-lo, sem ponderar, como devia ter feito, as imensas, para mim insuperáveis dificuldades com que teria de lutar, escrevendo em verso numa língua estranha, numa língua que eu não aprendi na infância. [...] Tive tentações de tudo lançar ao fogo; e não houvera hesitado, a não ser nacional o assunto. Se alguma coisa pode desculpar-me, é esta.

Há na peça, com efeito, fora um ou outro galicismo ("desenho" empregado no sentido de *dessein*, por exemplo), algumas contrações sintáticas duras a ouvidos brasileiros. "T'o" e "T'a" ainda passam, mas "M'é" ("a tua dita / M'é cara") parece de um mau gosto exemplar. Uma vantagem, contudo, tem a disciplina imposta pelo verso: reduzem-se as conversas vazias, o sobrepeso de uma comicidade vulgar que, nas obras do autor, brota copiosamente por entre as fendas da textura dramática, amolecendo-a, dissolvendo-a, sem outro qualquer proveito.

4

Nesse quadro histórico e estético (um pouco como uma nota de pé de página), cabe a tragédia, em verso, *O Cavaleiro Teutônico ou A Freira de Marienburg*, publicada em 1855 pela Tipografia de Paula Brito. O seu autor, Antonio Gonçalves Teixeira e Souza (1812-1861), mulato, tipógrafo, professor primário, "um homem bom, humilde e enleado", como o conceituou Antonio Candido na *Formacão da Literatura Brasileira*, sempre aspirou a entrar mas nunca entrou de fato no templo então sagrado da literatura. Permaneceu no pórtico, na qualidade de crente fervoroso.

Há, nas revistas românticas portuguesas, pelo menos dois relatos literários da infeliz história de Hugo, "o cavaleiro teutônico", e Branca, "a freira de Marienburgo". Um, em prosa, de 1839, tem, como subtítulo, "Tradição Teutônica". O outro, em verso, de 1844, apresenta-se sob a forma de "romance" medieval[19]. É curioso que ambos se declarem inspirados por uma estampa, qualificando-se como "Análise de Estampa", no primeiro caso, e "Assunto da Estampa", no segundo. A estampa em questão, de procedência francesa e autoria de Legrand, mostra Hugo, com a armadura, a capa e a pluma no capacete de Cavaleiro Teutônico, acompanhado de Branca, disfarçada de pagem, no instante fatal em que um emissário da Ordem concede somente uma hora de vida ao cavaleiro infiel, raptor de uma monja. Estampas como essa, que falavam aos olhos e inflamavam o espírito romântico na sua volta aos exóticos valores medievais, não eram desconhecidas no Brasil. Uma personagem feminina de Martins Pena alude com entusiasmo às "belas estampas" de um livro de "cavalaria andante", onde aparece "um cavaleiro armado de ponto em branco"[20].

A história em si é simples, talvez simples demais para o teatro, prestando-se antes às efusões da balada e da prosa poética, como se fez em Portugal, do que às maquinações do palco. Branca professa no mosteiro de Marienburg, obrigada pelo pai, inimigo de Hugo por questões de família. Este, retornando do campo de batalha, força-a a partir com ele. Mas os dois desventurados, perseguidos no céu e na terra, não chegam nunca ao destino pretendido. O terrível Tribunal Secreto, que já presenciamos em ação na *Última Assembléia dos Condes Livres*, de Burgain, condena o rapaz

---

19. "Hugo", de M. P., in *O Mosaico*, n. 34, 1839; "Branca e Hugo", de J. V. B. da C., in *O Ramalhete*, n. 321-323, 1844.
20. L. C. Martins Pena, *op. cit.*, vol. II, p. 428. Darcy Damasceno intitulou esta peça inconclusa de "Drama sem Título", colocando-a entre os dramas. Mas, na verdade, parece tratar-se de uma comédia, situada na Inglaterra.

à morte. Quem morre em seu lugar, no entanto, é Branca, que se revestira com a armadura e a viseira do amado, atraindo sobre si a punição. O executor da sentença, por fatal (ou divina) coincidência, é o irmão dela, que só depois do ato percebe o engano. Para Hugo não resta senão o suicídio.

Com respeito à conclusão moral, já a encontramos por mais de uma vez em Martins Pena: "O céu é justo". Deus manifesta-se na peça, como Tupã e como Júpiter tonante, através do trovão. É possível extrair das palavras trocadas entre Branca e Hugo, por ocasião da fuga do convento, um diálogo paralelo entabulado entre a impiedade humana e a ira divina. Eis um rápido exemplo:

Branca – Hugo... tem piedade...
  (*cada vez mais assustada pelos trovões*)
Olha o céu... olha o céu que te ameaça
  . . . .
Hugo – Deus se exiges que, presa aos teus altares,
  Eu perca para sempre a minha amada,
  Ouso desafiar teu raio ardente,
  Ouso afrontar os teus castigos todos!
  (*grande trovão*)
Branca – Hugo, que fazes?!
  (*grande trovão*)
Olha o templo que treme! É Deus que ameaça!
  (*os trovões tornam-se mais fortes e amiudados*)

É que Teixeira e Souza, em sua tocante ingenuidade artística, para opor a Hugo e completar o triângulo julgado imprescindível, escolhera para antagonista o próprio "Esposo celeste", aquele que desposara não uma mas todas as freiras de Marienburgo (sede da Ordem Teutônica, seja dito de passagem). Ouça-se o pai de Branca, Alarico, consolando a filha após o voto religioso:

Filha, choras o mundo que perdeste
Pelo asilo de paz, que ora ganhaste?
Não sabes quanto ganhas, quando perdes!
Esposa do Senhor, nestes lugares
Encontrarás os dias de ventura
Que o mundo em si não tem, que dar não pode.
Aqui, castos amores, sempre santos,

> Tens no Esposo celeste, e o Desposado
> Com tantas virgens, e formosas todas,
> A todas é fiel e a todas ama!!!

A contrapartida dessa justiça divina é dada pela injustiça terrena de Alarico, mau guerreiro, cavaleiro aleivoso, que mente para Branca e para Hugo, tentando separá-los, eles que haviam jurado amor eterno. A culpa, em sua feição local, cabe a ele, aos pais que sacrificam os filhos a seus ódios e interesses:

Branca – Oh caprichos! Oh pais desnaturados!

A palavra tragédia trazia consigo, junto com o verso branco, a unidade de tempo. Teixeira e Souza interpreta ao pé da letra esse conceito, como de certo modo já interpretara metáforas religiosas que uniam misticamente monjas e Cristo. A sua preocupação com o tempo vai a ponto de explicitar a hora exata – exatíssima, "pouco mais ou menos" – dos acontecimentos ocorridos no palco.

> Ao levantar do pano faltam vinte minutos, pouco mais ou menos, para as três da tarde. O intervalo do primeiro, ao segundo ato, foi de duas horas a quarenta minutos, pouco mais ou menos: faltam pois vinte minutos para seis horas ao levantar do pano, no segundo ato.

Não admira, com essa precisão, que os cinco atos se contenham nas 24 horas prescritas. Com relação ao tempo e lugar histórico estamos longe, bem longe do Brasil, "no século XIV, quando Jagelão, ou Uladislau V, reinava na Polônia". Como *Patkull*, drama de Gonçalves Dias contemporâneo desse, passa-se na Livônia, e somando-se aos dois *A Última Assembléia dos Condes Livres*, de Burgain, não há de que modo fugir à conclusão que os nossos dramaturgos românticos mostravam uma estranha predileção por essas terras distantes, perdidas por entre as lutas territoriais de alemães, suecos, poloneses e russos. Ali estaria, porventura, a derradeira Idade Média.

O português empregado em *O Cavaleiro Teutônico* vale como documento sobre a fala brasileira em meados do século XIX, não como norma gramatical. Algumas colocações de pronome agradariam aos modernistas de 1922, não fosse a inesperada intervenção de um hífen: "Me-acusa [sic], tens razão". Outras talvez lhes causassem surpresa: "os-reanima", por exemplo.

Uma última questão deve permanecer em aberto. Teixeira e Souza (lê-se no frontispício da primeira edição, de 1855) teria escrito a peça em 1840 – e tal parece ser de fato a sua idade arqueológica, usando-se o método comparativo. Mas ela evoca muito de perto, em mais de uma ocasião, os versos portugueses de 1844. Fora detalhes que seria fastidioso enumerar, não se tratando de obras-primas nem de um lado nem de outro, comparem-se estes dois trechos.

Primeiro, em Portugal, com o emissário do Tribunal Secreto dirigindo-se a Branca:

> Nesse claustro hás de entrar, que abandonado
> Por motivo de amante tu deixaste;
> E lá só acharás eu t'o predigo
> A vergonha, a infâmia e o castigo.

Depois, a mesma fala no Brasil:

> Voltarás outra vez para o mosteiro...
> Sim, de novo, entrarás nessa clausura,
> Aonde, desgraçada, já te esperam
> A infâmia, a vergonha e o teu castigo.

Palavras tão próximas umas das outras parecem não aceitar mais do que duas hipóteses: ou ambos os escritores beberam, com sede idêntica, na mesma fonte – e que há outra fonte é certo, tratando-se de uma "tradição teutônica" – ou Teixeira e Souza reviu para publicação o seu velho manuscrito, adicionando-lhe sugestões portuguesas. Talvez, dentro do seu critério pessoal, que supomos simples, simplório mesmo, mas não de má fé, tais empréstimos de ocasião não seriam suficientes para negar-lhe a paternidade integral de um texto literário para o qual ele contribuíra com tudo aquilo – estruturação dramática, pretensa oralidade, invenção de personagens acessórias – que distingue uma tragédia, como gênero específico, de um curto poema.

5

A tragédia clássica francesa nunca se classificou como histórica, porque visava, através da Grécia e de Roma, chegar ao homem universal, entrevisto em suas acepções mais nobres. Trabalhava, no entanto, em torno de quadros sociais e individuais perfeitamente conhecidos por todas as pessoas cultas, não deixando de ter por esse lado uma clara tonalidade histórica. Quando Corneille, por exemplo, toma certas liberdades com a cronologia ou com os fatos realmente ocorridos, tem sempre o cuidado de justificar-se, alegando razões ou imperativos dramáticos. Ele sabia que as suas personagens ocupavam um lugar central na formação humanística européia, não admitindo deformações ou invenções excessivas. Neste sentido a história, oferecendo pontos mais ou menos fixos, delimitava e orientava a criação da tragédia.

Já o chamado drama histórico romântico, abordando épocas e lugares bem mais obscuros, como a Idade Média, não hesitou em cortar as amarras que o prendiam à realidade, confiando os autores que o público se revelaria tão jejuno de informações nessas paragens dramáticas quanto eles próprios o eram. Alguns parágrafos de um livro de história, uma crônica, uma balada, até mesmo uma estampa, como vimos, tanto bastava para que se abandonasse a terra firme dos conhecimentos exatos em proveito do livre exercício ficcional. Poder-se-ia aplicar a todos esses dramas o que Alexandre Dumas escreveu sobre a sua *Catarina Howard,* definindo-a como "um drama extra-histórico, uma obra de imaginação procriada pela minha fantasia; Henrique VIII não foi para mim senão o grampo no qual fixei o meu quadro".

O que menos se observa nos dramas de Martins Pena, Burgain e Teixeira e Souza, com efeito, é o senso histórico. Ausência infelizmente não compensada, como em Dumas, por um aguçado senso dramático.

3. O DRAMA DE AMOR: GONÇALVES DIAS

> *Fratelli, a un tempo stesso, Amore e Morte*
> *Ingenerò la sorte.*
>
> LEOPARDI

As quatro peças deixadas por Antonio Gonçalves Dias (1823-1864), *Beatriz Cenci*, *Patkull*, *Leonor de Mendonça*, *Boabdil*, foram compostas entre 1843, quando ele, aos vinte anos, ainda estudava em Coimbra, e 1850, já na fase final da sua breve e brilhantíssima carreira de poeta e dramaturgo. Inscrevem-se, portanto, as quatro, no mesmo ciclo cronológico e artístico dos dramas de Martins Pena e Burgain.

Tirando-se poucas exceções, poder-se-ia dizer, generalizando, que tais peças se passam na Europa, quando não especificamente em Portugal. Contemplam o passado, não o presente, centrando-se sobre o período que vai do declínio da Idade Média até o alvorecer das nacionalidades modernas. Regem-se, no campo social e moral, pelas leis da cavalaria, revistas e embelecidas pelo Romantismo. As personagens principais, as que dão título às peças, são retiradas da história universal – e esta relação com mundo exterior, supostamente refletido no imaginário da cena, dava uma garantia de veracidade e autenticidade ao espetáculo. O público, quando via este tipo de peça, saía do teatro reconfortado com a idéia de que alguns daqueles arrojados lances cênicos tinham de verdade acontecido. O palco desejava ter, sob a aura da obra de ficção, o calço da realidade. Mas o panorama histórico esboçado no palco não servia senão de motivo para que se relatasse uma história de amores contrariados, ou seja, de oposições pessoais carregadas de emocionalidade. Em relação ao texto, dominava a prosa, que entre 1830 e 1840 fora substituindo aos poucos e sem alarde o verso tradicional, até mesmo na dramaturgia de poetas franceses como Victor Hugo e Alfred de Vigny.

Fixadas tais coordenadas, convém estabelecer logo o que distingue Gonçalves Dias. Em primeiro lugar, destacam-se a vivacidade e a energia da expressão, juvenilmente enfáticas por vezes, mas tendentes à síntese poética, sem as molezas e os desperdícios da palavra falada. É de um poeta a voz que ouvimos, embora fazendo uso da prosa. Em segundo lugar, vem o centro dramático, que se desloca da preocupação com o enredo bem urdido, característico do melodrama, para a compreensão moral e psicológica das personagens. Estas são concebidas como homens e mulheres, ainda que altamente idealizados, não como joguetes postos a serviço do enredo. O ponto de partida da peça são eles, os protagonistas e antagonistas, não os sobressaltos proporcionados pela engenhosidade dos incidentes cênicos. E, à medida que aumenta a complexidade das criaturas postas no palco, vítimas não raro de forças internas contraditórias, dissolve-se a divisão nítida entre bons e maus, inocentes e culpados.

O amor entre um homem e uma mulher, se já se manifesta em Burgain e Martins Pena, era sobretudo como parte de um conflito armado para instigar e surpreender o público. Nas peças de Gonçalves Dias, ao contrário, o sentimento amoroso é o alvo que ocupa o pensamento do autor, a razão pela qual ele escolheu aquela determinada situação dramática. Além de gerar a ação, ocasionando-a e dinamizando-a, a paixão afirma-se como um valor em si mesma, uma das justificativas, porventura a maior, da existência humana.

Por fim, nos dramas do poeta maranhense, não se percebe a presença de Deus, da Divina Providência, encaminhando os fatos para o desfecho feliz. No universo cênico imaginando por Gonçalves Dias parece esvoaçar sempre uma dúvida, uma hesitação, entre o determinismo moderno, que considera o homem não só determinado mas também determinante, e a antiga fatalidade grega, o *fatum* latino – fado, em português –, indiferente ou mesmo hostil a certas pessoas, a certas famílias, marcadas para a desgraça.

É difícil não relacionar este modo de pensar com as várias queixas e confidências feitas por Gonçalves Dias no correr dos anos. Mestiço, filho natural, pobre, logo órfão de pai, separado da mãe, numa sociedade que procurava sedimentar-se e erguer-se como a brasileira do século XIX, seria deveras extraordinário que nada disso extravasasse para as suas fontes inspiradoras. A sua obra literária é singularmente destituída de ressentimentos que poderiam afetá-la artisticamente. Mas não é provável que sofrimentos sobrevindos desde a infância, obstáculos vencidos com a força e gentileza de ânimo, não lhe tenham causado qualquer abalo, não lhe hajam conferido um substrato dramático com que alimentar a parte material da sua ficção.

L'homme est un apprenti, la douleur est son maître, promulgou poeticamente Alfred de Musset. Nem eram outras a prática e a teoria do Romantismo que, fugindo à objetividade clássica fundia vida e obra de arte no mesmo candente molde. Escrevia-se romanticamente porque vivia-se e sentia-se romanticamente. Para se certificar basta ler as cartas legadas por essa geração desmedida nas palavras e nos gestos, que nuncam se pejou de confessar-se em público.

Veja-se como Gonçalves Dias comentou, a um amigo, os anos de adolescência passados em Portugal:

Triste foi minha vida em Coimbra, que é triste viver fora da pátria, subir os degraus alheios e por esmola sentar-se à mesa estranha. Essa mesa era de bons e fiéis amigos; embora! O pão era alheio, era o pão da piedade, era a sorte do mendigo.

Alguma coisa deve ter permanecido nele desta precoce e triste experiência. Antonio Henriques Leal, o seu primeiro biógrafo, adverte que

quem o visse prazenteiro, se não galhofeiro, a pairar-lhe de contínuo nos lábios o riso, [...] ignoraria os esforços que empregava para conservar essa placidez aparente.

E cita outra carta do poeta, das mais reveladoras:

há instantes tenebrosos em que é preciso um grande esforço de virtude para que se não ceda à vertigem – à atração do suicídio[1].

O jovem Martins Pena e o Burgain da maturidade, para voltar a eles pela última vez, cresceram à sombra do melodrama, que dominava e dominaria por largo tempo os palcos nacionais. Já Gonçalves Dias, talvez por ter estudado em Portugal, onde era muito maior o fluxo de informações artísticas, situava-se bem mais próximo das matrizes cultas da moderna sensibilidade artística, tal como ela se formara nos primeiros decênicos do século XIX. Até na escolha dos seus protagonistas ele pouco tem de periférico.

Se *Patkull*, enquanto assunto histórico, pode parecer um tanto fora da órbita teatral, que girava então em torno de Paris e do pensamento francês, e se *Leonor de Mendonça* legitimava a sua entrada no palco por envolver num crime de morte a mais elevada aristocracia portuguesa, o mesmo não se dirá dos outros dramas que escreveu. O tema de *Beatriz Cenci* já fora trabalhado, por exemplo, por Shelley, na tragédia *The Cenci*, de 1819, e por Stendhal, que publicou a sua crônica "Les Cenci", na lidíssima *Revue des Deux Mondes*, entre 1837 e 1839. Sem falar no belo quadro de

---

1. Gonçalves Dias, A., *Poesias Póstumas*, Prólogo, Garnier, s/d (1909), Rio de Janeiro, p. XXXVI, XV, XVII.

Guido Reni (ou atribuído a ele), que circulava correntemente na Europa através de gravuras. E *Boabdil,* o derradeiro rei de Granada (*El Chico* para os espanhóis, o "Desditoso" para os árabes), havia figurado no *Gonzalve de Cordoue,* escrito por Florian em fins do século XVIII, mas reeditado em 1828[2]; no famoso *O Último Abencerrage,* de Chateaubriand, de prolongada repercussão na memória de Portugal e do Brasil; e nas *Narrativas da Alhambra,* publicadas em 1832 pelo escritor americano Washington Irving.

Essa impressão que Gonçalves Dias estava perto do centro da atualidade européia aumenta se lembrarmos que duas peças de sua autoria foram antecedidas de pouco por crônicas saídas em revistas portuguesas: a primeira, *Beatriz Cenci,* em *O Correio das Damas,* a 1º e 15 de novembro de 1837; a segunda, *Leonor de Bragança* (o título nobiliárquico de Leonor de Mendonça) na *Revista Literária,* tomo primeiro, em 1838. Ano este em que, por coincidência, Gonçalves Dias chega a Coimbra. Não que se devam considerar tais crônicas, só por isso, fontes diretas das peças brasileiras. Mas não há dúvida que elas reforçam as afinidades existentes entre o poeta brasileiro e os assuntos do momento.

Os seus textos teatrais, escapando à tragédia, pelo formato e pelo uso da prosa, e ao melodrama, por unir no desfecho amor e morte, são os primeiros, no Brasil, que se podem classificar seguramente como dramas românticos.

2

Ao chegar de volta ao Brasil em 1845, após quase sete anos de Coimbra, onde fez cursos que hoje chamaríamos de secundários e superiores, Gonçalves Dias já trazia na bagagem não apenas poesias, entre as quais a *Canção do Exílio,* mas também dois dramas, *Beatriz Cenci* e *Patkul.* São obras da juventude, imaturas, que só seriam publicadas

---

2. Florian, *Gonzalve de Cordue, précedé d'un Précis Historique sur les Maures d'Espagne,* Paris, Chez Dauthereau, 1828.

depois de sua morte[3]. Mas havê-las guardado por tanto tempo mostra que ele nunca se despregara de todo desses textos juvenis, seja porque lhe trouxessem recordações, seja porque pensava em retomá-los e desenvolvê-los algum dia, dando-lhes feições definitivas.

As liberdades tomadas pelo poeta em *Beatriz Cenci* ao passar da realidade histórica[4] para a ficção teatral, são tantas que desencorajam considerações a respeito. Qualquer que tenha sido o seu fio condutor, ele o torceu e o retorceu até que, ao perder o feitio primitivo, pudesse servir aos fins dramáticos que tinha em vista.

Beatriz, filha do primeiro casamento, e Lucrécia, segunda esposa de Francisco Cenci, continuam a ser, no drama, as idealizadoras do seu assassínio, fato ocorrido no Castelo de Petrella, próximo de Nápoles, no ano de 1598. Mas, dos dois executores materiais do crime, ambos na vida real casados e movidos ao menos em parte pelo dinheiro, um, Olímpio, transfigurando-se na peça em padre e irmão de Lucrécia, nega-se a participar do projeto; e o outro, Márcio, ascende à posição de amante de Beatriz, não no sentido moderno, que ele talvez tenha sido na realidade, mas no sentido tradicional na tragédia francesa, daquele que ama e é amado, mesmo que seja de um amor puro, ainda não contaminado pelo ato sexual.

Este seria o lado bom das personagens postas em conflito. Assistimos, espectadores privilegiados que sempre somos no teatro, ao alvorecer de um sentimento que conservará até o desfecho algo de adolescente e superior, não obstante as misérias humanas que tem de enfrentar. Se o primeiro encontro entre Beatriz e Márcio dá-se indiretamente, à maneira italiana, através de uma serenata noturna, não demora para que o amor se declare de viva voz, com uma espontaneidade e franqueza que contrasta com o decoro

---

3. A. Gonçalves Dias, *Obras Póstumas, Teatro*, Garnier, s/d (1909), Rio de Janeiro. No volume, *Beatriz Cenci* antecede a *Patkull*. Mas este traz a data de 1843 e aquela a de 1844-1845.
4. Cf. N. Valentini e B. Bacchiani, *Beatrice Cenci*, Rusconi, Milão, 1981.

clássico, ainda mais porque a iniciativa amorosa não se restringe ao homem. A moça encanta-se de imediato com a presença do rapaz, até então conhecido apenas pela voz, e não esconde o seu prazer:

> Senta-te. Deixa-me bem ver o teu rosto; andava sequiosa por to ver bem de perto. [Encarando-o] Como tu és belo! que negros são teus cabelos [Concertando-os]. Quero anelar-tos bem anelados em roda de tua cabeça[5].

Antes, é verdade, Márcio já abrira o coração a Beatriz, aliás de um modo típico da dramartugia gonçalvina, associando logo – e romanticamente – amor e morte:

> Doce seria viver contigo, só contigo; porém mais doce, oh! mil vezes mais doce, morrer aqui, a teu lado, em teus braços, deixando nos teus olhos a derradeira chama dos meus olhos e nos teus lábios o derradeiro suspiro dos meus lábios.

Se esse é o lado auspicioso da vida, o bem que se deseja aos vinte anos – viver ou morrer de amor – o lado maligno manifesta-se com outra complexidade. Francisco Cenci ostenta na peça muitos dos variados vícios que lhe foram imputados no processo criminal que se seguiu à sua morte, inclusive o que deu celebridade aos Cenci – o incesto. Ele é mau marido (Lucrécia não lhe perdoa o tapa que levou no rosto) e foi mau pai para Beatriz, mantendo-a presa, enquanto ela não desabrochou como mulher, ganhando a fama – diz Visconti na peça – de ser "a mais formosa donzela de toda a Itália". Francisco reconhece nela, além dessa beleza física, a beleza moral: "Como tu és bela! E como através de teus olhos tão puros, e do teu rosto tão formoso, se lê a tua alma ainda mais formosa e mais pura do que os teus olhos e do que o rosto!"

Já começou o jogo da sedução. A castidade feminina, representada pela virgindade, sendo uma interdição só desfeita pelo sacramento do matrimônio, funciona, por outro

---

5. A. Gonçalves Dias, *Teatro Completo*. Serviço Nacional de Teatro, Rio de Janeiro, 1979, p. 160. Todas as citações de peças de Gonçalves Dias serão tiradas desta edição.

lado, como um acicate do desejo sexual. É a dialética romântica entre pureza e impureza, na qual o fruto proibido, por sua própria sacralidade, passa a ser a tentação profanatória maior.

O diálogo entre pai e filha sabe esconder bem a princípio os seus propósitos:

D. Francisco – Tu amas-me, Beatriz?
Beatriz – Muito, muito.
D. Francisco – Sim, quero que me ames muito, extremosamente, com todas as forças da tua alma, que eu preciso de teu amor.

O verbo amar, dos mais ambíguos, subindo das acepções materiais às espirituais, do amor carnal ao amor divino, é conjugado manhosamente por Francisco, um vilão que não o é, nas versões habituais, por não ter a pequenez das motivações correntes, por encarar o exercício do mal como um entretenimento da inteligência para si mesma e como um escárnio moral para os outros. Por dentro das palavras enganosas que dirige à filha parece subsistir um germe de narcisismo: "Quero extasiar-me de te ver, quero-me rever na tua beleza".

Daí ao incesto é um passo, que ele dá na teoria antes de transitar para a prática. "Escutai-me", diz Beatriz a Márcio, em frente ao pai:

Esse homem por minha desgraça me achou formosa e jurou manchar-me. Não se lhe deu de eu ser sua filha, leu, para me seduzir, histórias de outros tempos, contou-me lendas de santos incestuosos por tal arte que quem os ouvisse os julgará santos pelo crime e não apesar dele.

Ainda não é tudo. No fundo da personalidade evasiva e tortuosa de Francisco, como Gonçalves Dias a desenhou, existe outro traço negativo: a sensação de vazio existencial, a convivência com o nada interior. Se matasse Márcio, confidencia ele a Paulo, um servidor,

talvez que sentisse alguma coisa, e eu preciso de sentir, porque tenho medo do deserto do meu coração, que é a morte, porém a morte dentro de nós mesmos, a morte gelada, hedionda, monstruosa, paralisia da alma, que se ergue incomensurável, indefinível, como um fantasma de terror!

Esta "paralisia da alma", o vazio do coração, a ausência de qualquer possibilidade de sentimento real, "o mal do século" para os românticos, o pecado da acídia para a teologia cristã, transparece em versos da mocidade de Gonçalves Dias, um dos quais traz esta epígrafe de Sainte-Beuve: *Mon Dieu, fais que je puisse aimer!* (Meu Deus, faça com que eu possa amar!).

Se Beatriz, no drama, é o amor como dádiva, talvez Francisco seja exatamente o oposto, a carência de amor que não seja a si mesmo. Ele não vive propriamente, no sentido de paixão ou de ato espontâneo. Representa sucessivos papéis de comédia, de vilão sutil e sorridente, encenando uma série de situações que são dramáticas para os demais e que terminarão tragicamente com a sua morte. Desafia a Márcio (não o matando quando o tem à sua mercê), obriga a esposa a ser conivente com o incesto, compelindo-a a ir ao baile onde Beatriz será vilipendiada. E seduz a filha com expressões de carinho antes de submetê-la sexualmente pela força.

Demonstra mais de uma vez não temer os dois jovens que tramam às suas costas, porque já passou incólume por perigos maiores. E não deixa de ter razão, já que no desenlace – ao contrário do que sucedeu na Itália – é ele que mata Márcio. O único erro que comete, na peça, é não contar com o tino, a astúcia de Lucrécia, que acrescenta, ao punhal do rapaz, o veneno. É este o momento em que, textualmente, a esposa vinga-se do marido, a mulher do homem, a escrava do Senhor:

Dona Lucrécia – Assim pois o nobre, o valente, o poderoso D. Francisco, o terror dos salteadores, o senhor da cúria romana, o vilão que a seu talante oprime a nobreza de Roma e de Nápoles, o vilão que chegou a emparelhar com os nobres, graças ao fruto das rapinas de seu pai, que de um vil barqueiro tornou-se um vil usurário, e de um vil usurário, um nobre mais vil ainda... O nobre D. Francisco!... não viverá nem mais um dia, porque foi do alvedrio de uma mulher assinar-lhe a sua última hora! Pensastes alguma vez nisto?

Mas o homem, agarrando a mulher pelo braço, ameaçando-a com um punhal, retoma os seus direitos – o direito do mais forte –, numa cena final que antecipa de perto a de *Leonor de Mendonça*:

D. Francisco – Pedi perdão a Deus, Senhora, ides morrer.
D. Lucrécia – Perdão, Senhor!
D. Francisco – A Deus, pede-o a Deus que eu não te perdoarei.
D. Lucrécia – Mas vós não vedes que é impossível!... que eu não posso morrer assim...
D. Francisco – Pede perdão, infame!
D. Lucrécia – Oh! Senhor eu vô-lo peço, por Deus, por tudo, fazei de mim o que vos aprouver, mas não me mateis!
D. Francisco – Perdão.
D. Lucrécia – Perdão, Senhor!
D. Francisco – A Deus.
D. Lucrécia – Perdão.
D. Francisco – A Deus, pede-o a Deus.
D. Lucrécia – Perdão.
D. Francisco – Oh!... (*Dá-lhe uma punhalada e cai ao lado dela*).
D. Lucrécia (*caindo*) – Perdão meu Deus!

Não importa a licença poética tomada aqui (mais uma) em relação aos acontecimentos históricos: Lucrécia, de fato, foi condenada à morte e executada juntamente com Beatriz. O que chama fortemente a atenção no drama, mais do que a questão do feminismo, embora esta apareça claramente exposta, é a desenvoltura do texto ao lidar com a moralidade pública.

O incesto e o parricídio já tinham perpassado por peças românticas francesas, como *A Torre de Nesle*, de Alexandre Dumas, e *Lucrécia Borgia*, de Victor Hugo[6]. Porém sempre indiretamente, sem plena consciência do ato ou sem que ele se concretizasse, de modo a não afrontar a platéia.

A história dos Cenci [escreveu Shelley no prefácio de sua tragédia] – é na verdade eminentemente terrível e monstruosa: a mera exibição dela no palco seria insuportável. A pessoa que tratasse de tal assunto deveria

---

6. Antonio Henriques Leal, ao publicar o teatro de Gonçalves Dias, em 1868, no Maranhão advertira, em nota prévia, quanto a esta possível filiação, assinalando que *Patkull* e *Beatriz Cenci* foram concebidos "sob o entusiasmo da escola romântica, quando imperavam a *Torre de Nesle*, a *Lucrécia Borgia*, e outras composições deste gênero [...]".

aumentar a idealidade e diminuir o horror dos acontecimentos reais, fazendo que o prazer da poesia existente nesses tormentosos sofrimentos e crises possa mitigar a dor de contemplar a deformidade moral que lhes deu origem[7].

A peça nacional, talvez por uma certa inocência, pela idade do autor, pega o touro pelo chifre: incesto seguido por parricídio, nem mais nem menos. Consumado o crime, terminado está praticamente o drama, sem sequer aguardar o julgamento dos culpados. E é difícil dizer o que mais fascinou Gonçalves Dias nessa história escabrosa, onde não há inocentes, se a imagem da filha, cedo aureolada na Itália como mártir, por sua beleza, pelas indignidades sofridas e pela altivez revelada durante o processo, ou se a figura entre sinuosa e sinistra do pai, o individualismo renascentista levado às últimas conseqüências morais – o Mal em todo o seu esplendor romântico. Beatriz, de resto, desculparia ao pai até o incesto, menos ver-se aviltada aos olhos de Márcio: "Eu lhe perdoaria tudo! [...] Mas por que me obrigou ele a corar diante de Márcio, de meu nobre Márcio que eu tanto amava, que eu ainda amo tanto?"

Admitem-se os excessos do sexo, não a desfeita, o agravo deliberado, a humilhação em face de quem se ama. Como no caso de Lucrécia, que responde com o assassínio ao tapa que Francisco lhe deu no rosto, não é a moral que se acha em jogo e sim o código da nobreza. Pode-se ferir o outro, não menosprezá-lo, diminuí-lo socialmente. O pundonor, o chamado ponto de honra, sendo forma, sobrepõe-se em tais circunstâncias ao conteúdo.

Beatriz Cenci possui as idéias, as personagens, o enredo de um drama forte e original. Se não o é, deve-se a ter ficado no estágio de esboço, sem o desenvolvimento pleno de suas virtualidades. Tudo passa depressa demais, incidentes, características humanas, efeitos de ironia dramática, sem o tempo necessário para se aprofundar, sem preparação e amadurecimento das situações. Não se entende,

---

7. P. B. Shelley, *The Complete Poetical Works*, Oxford University Presses, Londres, 1917, p. 273.

por exemplo, por qual razão Francisco, para seduzir Beatriz, tanto necessitava de uma festa, e da presença nela de Lucrécia, quando o seu intento, desvendado logo depois, é violentá-la. Este centro dramático, além do mais, surge recoberto por uma pretensa e superficial camada de engenhosidades cênicas, bastante parecidas com as de outras peças brasileiras da época. Não lhe faltam, para tanto, nem serenatas, nem pessoas vestidas de negro, nem máscaras, nem desafios de duelo, nem música de fundo, nem mesmo o estrondoso *coup de théâtre* que antecede o desfecho:

(*Ouve-se um grito, Beatriz cai de joelhos e assoma à porta um vulto negro. D. Lucrécia retira-se para um lado da cena*).
Beatriz – Ele está morto!
D. Francisco (*caminhando para ela, embuçado*) – Morto.
Beatriz (*levanta-se precipitadamente*) – Esta voz! Márcio... Márcio... és tu? (*Descobre o rosto de D. Francisco, que deixa cair o manto*) D. Francisco! Justiça de Deus...!
D. Francisco (*rindo-se*) – Teu pai, minha Beatriz, teu pai que te não podia deixar só neste mundo.

A conclusão, se há alguma, é que o dramaturgo Gonçalves Dias, aos vinte anos, saía-se melhor quando se entregava à sua juvenilidade, celebrando o amor nascente ou imaginando o mal como uma deficiência de ser, uma negatividade, do que ao rivalizar com a esperteza dos verdadeiros artesãos do palco.

Quanto à malfadada festa, retratada como de hábito por um canto de sala, onde se reúnem meia dúzia de pessoas, as únicas requeridas naquele momento pela ação, esse baile fatal para a virtude de Beatriz (recaía sempre sobre a mulher as transgressões sexuais do homem) limita-se a sugerir uma relativa liberdade de costumes e de palavras, nunca chegando à licenciosidade, relegada aos bastidores. Entre os cinco rapazes que o comentam, trocando entre si ameaças e epigramas, todos tentando adivinhar quem é a misteriosa mulher mascarada (é Lucrécia, não Beatriz, como eles pensam), nada menos do que dois têm sobrenomes já empregados por Gonçalves de Magalhães no *Olgiato*: Visconti e Montano.

Trate-se ou não de reminiscências de leitura, o fato é que a diferença entre uma e outra peça não poderia ser maior. Enquanto Gonçalves Dias, em *Beatriz Cenci*, interessa-se pela Renascença italiana pelo que ela significou de permissividade sexual, Gonçalves de Magalhães, marchando em sentido inverso, fê-la retroceder, no *Olgiato*, até a suposta severidade moral da Roma antiga. Um escritor escolheu como um de seus protagonistas o incestuoso Francisco Cenci. O outro negou-se a colocar em cena o devasso Galeazzo Sforza.

Nada demonstra melhor a violenta ruptura efetuada entre o pudor clássico, certamente excessivo em Gonçalves de Magalhães, e o impudor romântico, inspirado de longe pela franqueza com que Shakespeare encara em suas peças a sexualidade.

3

Patkull foi a primeira peça escrita por Gonçalves Dias, *Boabdill* a última. Mas elas possuem certos traços em comum, certas características gerais, que permitem aproximá-las para a análise. Ambas retratam – mal, infelizmente – ambientes históricos conturbados, divididos entre forças antagônicas, como se as grandes lutas exteriores preparassem e explicassem os conflitos internos. E no âmago das duas está a mesma figura humana, o herói infeliz, herói pela posição que ocupa, infeliz por duvidar a certo momento da mulher amada, que o teria traído com alguém que ele julgava ser um amigo sincero. O dever da fidelidade, para a noiva ou esposa, e o da lealdade, para o outro homem, põem à prova a força impetuosa, quase irresistível, do amor. Diga-se ainda que em ambos os casos a mulher não chega a ser culpada. O seu sentimento amoroso vem de longe, da adolescência, ressurgindo no presente como um obstáculo ao seu desejo de corresponder ao forte afeto que recebe de quem dá título à peça. A conclusão só pode ser amarga para todos os envolvidos no impasse. A peça termina mal, menos por arbítrio dos acontecimentos do que por não haver saída exeqüível para as contradições colocadas de início pelo enredo. Esse esquema, se serve para *Patkull*, apresenta-se mais nítido em *Boabdil*.

Ruggero Jacobbi, que estudou com carinho a dramaturgia de Gonçalves Dias, acredita que *Patkull* tenha retirado o seu conteúdo histórico da *História de Carlos XII*, de Voltaire. Não temos certeza de que essa, como ele afirma, "seja a fonte única do enredo", argumentando, para chegar a essa afirmação, que "o nome do herói tem a grafia escolhida por Voltaire", ou seja, Patkull, e não, como seria exato, Patkul[8]. Parece-nos provável que o escritor maranhense se haja valido, para criar a sua personagem, de fontes menos remotas e mais sugestivas à imaginação romântica. Em todo o caso, ao se admitir tal hipótese, dever-se-ia inferir dela que Gonçalves Dias encontrou no original francês, além das coisas apontadas por Ruggero, a referência ao noivado de Patkull, circunstância que lhe torna mais terrível a condenação à morte, assim como, porventura, o antagonista da peça, Paikul[9], nobre dado à alquimia, transformado então em Paikel, para evitar confusões de homofonia.

O ano figurado no palco é o de 1707 e o espaço estende-se de Mecklenburgo a Dresde, e daí a Casimir, na Polônia. Estamos sempre próximos da Livônia, terra nativa de Patkull, sob o jugo sucessivo e contrastante de Carlos XII, da Suécia; Pedro, o Grande, da Rússia; e Augusto II, rei eleito e depois destronado da Polônia – nomes esses aludidos brevemente no texto nacional. Este perfil histórico, narrado por Voltaire e explicitado por Ruggero Jacobbi, passa pelo enredo de maneira na verdade confusa e superficial, através de falas indiretas, não de cenas vivas, a não ser no Quadro II do Ato III[10].

---

8. R. Jacobbi, *Goethe, Schiller, Gonçalves Dias*. Faculdade de Filosofia, Porto Alegre, 1958, p.49.
9. Voltaire, *Oeuvres Historiques*. Bibliothèque de La Pléiade, Gallimard, Paris, 1957, pp. 135-136. Nesta edição o nome de Patkul aparece corretamente grafado.
10. Na edição do Serviço Nacional do Teatro, que estamos seguindo, este Quadro está colocado, erroneamente, no Ato IV. A edição, a única

A precipitacão, aliás, é quem dá ritmo à peça. Patkull, incitado por Paikel, seu amigo, parte para terras distantes, em defesa de Livônia, sem nem mesmo despedir-se de sua noiva, Namry Romhor (chamada às vezes pelo nome, às vezes pelo sobrenome, o que não facilita o entendimento). Ele sai no final do Ato I, desse modo quase fugidio, para só regressar ao palco nos dois últimos atos, dos cinco que compõem o texto, quando o seu destino – prisão e morte – já está decidido. Com esta ausência nos atos intermediários, que se supõe devam constituir o nó do conflito, não apenas se abandona a perspectiva política como se troca o triângulo principal (Patkull – Namry – Paikel) pelo subsidiário (Namry – Paikel – Berta), de muito menos ressonância dramática e humana.

Essa segunda história é a seguinte. No passado, Paikel, que apesar de cavaleiro cultivava a "arte diabólica" da alquimia, ligara-se afetivamente às duas moças. Namorado de juventude de Namry, antes que ela, por instâncias do pai, fosse prometida em casamento a Patkull, mais tarde, já adulto, seduzira e abandonara Berta. Agora os três habitam a mesma mansão, somando sentimentos mal extintos, rancores e acusações.

O que está em jogo, ao nível dos conceitos, não das intrigas imediatas do palco, é o sentido da nobreza, ora concebida como força social, domínio de uma classe sobre outra, ora como obediência a um rígido sistema moral. Paikel, que usa o vocabulário da cavalaria, falando em justas e torneios como se não fossem práticas já caídas em desuso, alega, para não desposar Berta, dama de companhia de Namry, que ela não é nobre. Mas nada revelam de nobre, igualmente, nem o seu interesse pelo ouro, que obteria através da alquimia, nem a sua negativa em reparar um dano causado a uma jovem inexperiente e apaixonada.

Outra é a atitude ética de Namry. Ela mais admira do que ama Patkull, um homem começando a envelhecer, de

---

moderna, não aproveita as retificações propostas por Ruggero Jacobbi, algumas óbvias.

cabelos brancos e já longa carreira nas armas. (Na realidade histórica Patkul faleceu, em 1707, aos 47 anos de idade). Ela aceita, porém, sem discutir, as conseqüências do compromisso assumido perante o pai. Ser nobre, diz ela a Paikel, é honrar as palavras com os atos: "Lembremo-nos do que somos, e façamos o que devemos". Ela representará até o fim o seu papel, duqueza que é, e espera que Paikel faça o mesmo, não obstante ainda haver entre eles um resquício de amor.

O que salva Paikel de ser um simples e completo vilão, irônico com Namry, cínico no reencontro com Berta, a quem novamente seduz, é a impulsividade com que ele busca salvar Patkull, depois de havê-lo lançado, inadvertidamente, no fogo das disputas territoriais. A sua única ação digna, na peça, é morrer na tentativa vã e corajosa de libertar da prisão o amigo.

Quanto ao herói da peça, o "mártir da liberdade" da Livônia no dizer de Voltaire, não é este o aspecto seu que o drama exibe de preferência. Nas cenas primeiras, Patkull é acima de tudo o apaixonado palavroso, alguém que fala como um jovem poeta em crise aguda de lirismo. Nas derradeiras, é o sofredor, antes pela perda de Namry, que ele julga coligada a Paikel, do que pelo colapso da Pátria. A desgraça seria a constante da sua passagem pela terra, desde a meninice, quando a mãe morre e o pai endoidece. A vida, em retrospecto, parece-lhe um contínuo padecer: "E hoje, quando me lanço na história do passado – não encontro um quadro feliz em toda a existência – que não tenha o acre do desengano". A explicação que lhe ocorre para tanta dor é o destino: "quem sabe se não há uma força no mundo – que impele os homens para um fim, forçosamente – irresistivelmente".

Que a intenção do drama é ressaltar o amor, consolo talvez único num universo hostil, não deixam dúvidas as palavras que Gonçalves Dias colocou na abertura da peça, dedicando-a a uma namorada portuguesa: "E possas tu em lendo esta minha obra [...] encontrar nela alguma coisa que te diga – que eu te amava como Patkull a Romhor, e que o meu amor, como o dele, só acabará com a minha vida".

4

Boabdil desenvolve-se em círculos concêntricos. A camada exterior, que ameaça entrar em cena e só o fará depois de baixado o pano, é formada idealmente, no macrocosmo só existente na cabeça do leitor ou do espectador, pela força guerreira dos reis católicos. Mas, se a cidade de Granada está cercada, dentro dela, entre os próprios árabes, não faltam dissensões. Os Zegris, Gomeles e Abencerrages, famílias que acabaram por se constituir em poderosos grupos políticos, disputam entre si o poder, por vezes esquecendo o assédio dos cristãos.

Este é o panorama histórico da peça: a queda de Granada, último reduto dos árabes na península ibérica, ocorrida em 1492. Mas ele não avulta cenicamente, não desperta curiosidade nem perfeita compreensão à primeira leitura, porque o verdadeiro conflito independe desse pano-de-fundo, nunca inteiramente integrado à ação, embora tal tenha sido, provavelmente, o propósito do autor. O núcleo do enredo, de natureza individual, não coletivo, lembra muito de perto o de *Patkull*. O esquema é praticamente o mesmo: amor intenso entre dois jovens; intervenção desastrada do pai da mulher, que a dá em casamento a um terceiro; volta do antigo namorado, que é ou se torna amigo do protagonista. Tal entrecho, no formato habitual do triângulo amoroso, enseja a que se toque, com maior ou menor profundidade, em vários temas caros ao romantismo: o do primeiro amor, o da fidelidade feminina, o da amizade masculina, o do ciúme (espicaçado pela dúvida) e o da vingança.

Este último tinha sido expresso, com absoluta economia de meios, em *Patkull*:

Namry – Que queres tu fazer?
Berta – Vingar-me.
Namry – Vingar-te! E que ganharás com isso?
Berta – A vingança.

Em *Boabdil*, a vingança (o reverso do amor) assume proporções de catástrofe pública. Sabendo que o suposto (ou talvez real) amante de sua esposa, Zorayma, é um Abencerrage, mas ignorando qual deles seja, Boabdil, último rei de Granada, manda executar todos os integrantes desta agora execrada família. A iminência da morte de Ibrahim, Abencerrage que retornara a Granada sob o nome fictício de Aben-Hamet, libera todas as paixões longamente reprimidas, num final particularmente violento:

Zorayma – Ibrahim!
Boabdil – Cala-te!
Zorayma – Enquanto minha voz te puder chegar aos ouvidos escuta: eu te amo!
Boabdil – Cala-te!
Zorayma – Eu te amo!
Boabdil – Cala-te! [*Apunhala-o.*]
Aben-Hamet – Ah! [*cai apunhalado*] Perdoai-me, Rei: tu, Zorayma, perdoa-me!
Boabdil – Eu te odeio!
Zorayama [*caindo*] – Eu te perdôo!

Boabdil é, por definição, diríamos assim, o "desditoso", desde o plano político, em que não sabe ou não quer defender Granada, até, com muito maior ênfase, o amoroso, terminado em sangue, com o seu amor pela esposa transformado em ódio. Em vão Ayxa, a sua imperiosa mãe, tenta incutir-lhe a visão política, a mentalidade própria ao monarca. Ela não se engana ao descrever o filho:

Todo entregue aos amores de Zorayma, não tem olhos senão para a ver, não tem pensamento senão para ela. Não é como convém que seja um guerreiro, nem como me parece que deva ser um rei: é um homem que ama e nada mais.

Boabdil, o suposto adversário dos cristãos, falha por ser igual a eles, no culto dedicado à mulher. O seu ponto de vista é pessoal, nunca amplo, histórico, como o de um soberano que ama a glória – "somente a glória é estável e duradoura", lembra-lhe Ayxa –, mais que a esposa.

Algumas notas de "cor local" disseminadas em cena, referências passageiras ao som das "dulcainas" e ao compasso das "zambras", recordam que estamos no mundo árabe. Mas o teor das relações humanas pouco difere do que se observava no cristianismo, como se a "cruz", ao contemplar o "crescente" (símbolos usados na peça), visse o seu próprio rosto refletido no espelho. Aqui, como lá, predominam o amor, entre os sentimentos, e as leis da cavalaria, para os costumes sociais. É esta obediência à idéia de nobreza que Zorayma cobra altaneiramente de Ibrahim, no encontro fatal com o antigo namorado, antes de cair rendida em seus braços. Os dois, de resto, se de alguma forma traem a confiança neles depositada por Boabdil, não é por vilania, mas, ao contrário, por fidelidade a um empenho anterior, a um amor que traz dentro de si a seiva da adolescência. A verdade é que nenhum par, nesse desencontrado triângulo, pode ser feliz senão à custa de uma terceira pessoa que também se preza e se estima.

O entrecho cultiva com certa engenhosidade os seus paradoxos cênicos, os seus lances de ironia dramática. Ayxa planeja comprometer Zorayma para arrancar o rei de sua letargia amorosa. Boabdil confia a guarda da esposa exatamente a Ibrahim, que ele só conhece pelo nome falso de Aben-Hamet. Este, por sua vez, dispõe-se a desaparecer para sempre de Granada ao saber que a rainha ainda o ama. Mas todas essas intenções, boas ou más, desaguam no mesmo desfecho brutal. De nada valem os atos humanos quando confrontados com um poder ilimitado – o destino –, capaz de decretar, por exemplo, que tal homem deve conhecer de perto, desde a infância, o sofrimento. Boabdil é um desses homens, o herói infeliz, o anti-herói – aquele que, paradoxalmente ou não, desperta a veia criadora do dramaturgo Gonçalves Dias.

Boabdil, em relação a *Patkull*, significa sem dúvida um amadurecimento da técnica dramática, um progresso na arte de armar o enredo, fazendo-o caminhar em ziguezagues, em avanços e recuos, sempre, no entanto, marchando para uma conclusão que sabemos predeterminada e adivinhamos infausta. Mas nem por isso representa uma vantagem real para o autor, seja no que diz respeito ao conhecimento do homem, seja no terreno da dramaturgia, ao erguer um edifício ficcional ao mesmo tempo imaginário e artisticamente veraz. O nível histórico do drama não prima pela clareza, deixando-nos um tanto perdidos por entre esses Zegris, Gomeles e Abencerrages pouco caracterizados como grupos, que enchem os vazios da ação individual. Quanto às personagens, nunca extrapolam os seu estreitos limites, nunca vão além da missão que, a cada momento, confere-lhes o enredo. A impressão última, se é de mais riqueza fabulativa do que em *Patkull*, é também de muita retórica cênica e algum academicismo.

Não andamos longe, portanto, de concordar com a sentença condenatória de Ruggero Jacobbi, ao situar a peça dentro da carreira teatral de Gonçalves Dias:

> *Boabdil* [...] é um apêndice tardio, cuja fraqueza artística em grande parte é o reflexo da ausência daquele entusiasmo com que haviam sido escritos os primeiros dramas[11].

5

Patkull é de 1840, *Boabdil* de 1850. No meio dessas duas datas, em 1846, situa-se *Leonor de Mendonça*, a obra-prima dramática de Gonçalves Dias e uma das poucas obras-primas do teatro brasileiro. Foi, aliás, a única que ele editou em vida e a única que lhe mereceu um Prólogo – aquele prefácio típico da geração romântica, num momento em que, com a mudança das regras estéticas, cada criador sentia necessidade de justificar a sua criatura.

Algumas de suas considerações, num Prólogo rico e lúcido, tinham endereço certo. Por exemplo, as críticas feitas ao Conservatório Dramático, órgão governamental não de ensino ou de auxílio ao teatro, como o nome sugere, mas, ao contrário, de censura, tanto moral quanto política. Gonçalves Dias tivera a sua *Beatriz Cenci* vetada pelo Conservatório. Agora, dá o troco, embora em termos não pessoais nem ofensivos. É a própria índole da censura que lhe parece despropositada, por ser absoluta:

---

11. R. Jacobbi, *op. cit.*, p. 63.

O *veto* é tanto mais fácil de ser exarado, que a lei não exige o por quê, tanto mais fácil que dela não há recurso senão para ela.

A posição do poeta, sem ser agressiva, é das mais claras:

> Não digo que favoreçamos a literatura, digo somente que lhe não devemos pôr mais tropeços do que os que ela em si já tem.

No caso do teatro, a liberdade deve ser completa, relativa à encenação não menos que à edição do texto:

> A liberdade de pensamento no drama não é, como nós a entendemos, a só faculdade de o criar, mas também de o publicar, e sua primeira publicação é a récita.

Ao drama caberia apenas a crítica teatral – e Gonçalves Dias cita, a propósito, a "Semana Lírica", folhetim que Martins Pena, naquele ano de 1846, mantinha no *Jornal do Comércio* do Rio de Janeiro.

Uma boa parte do Prólogo destina-se a expor pontos de vista teóricos. O drama é definido, à maneira de Victor Hugo no *Prefácio de Cromwell*, como a junção da tragédia e da comédia. Mas haveria entre esses dois gêneros clássicos diferenças não só intrínsecas como também extrínsecas, relativas à classe social focalizada. A tragédia, no passado, "cobria as suas espáduas com manto de púrpura", a comédia "pisava o palco cênico com os seus sapatos burgueses". A primeira "andava pelos grandes", a segunda "se entretinha com os pequenos". Comédia, portanto, na acepção do poeta, não teria por missão única despertar o riso. Sempre que há uma "certa quebra de dignidade"[12], haveria comédia. Seria o caso quando se introduz no palco "uma cena de vida doméstica", "que pertence à comédia", porque "não é de sua essência fazer rir. Descreva ela fielmente os costumes e a arte ficará satisfeita". Ou seja, fazer rir não constitui a

---

12. Gonçalves Dias, *Teatro Completo*. Serviço Nacional de Teatro, Rio de Janeiro, 1979, pp. 63-64. O texto, neste ponto, parece-nos escrito com certa pressa, prestando-se a dubiedades. Mas acreditamos não estar traindo o pensamento do autor.

única função da comédia, que se caracteriza também por retratar a vida privada dos "pequenos", em oposição à tragédia, que cuida da vida pública, como é sempre a dos "grandes". O drama, por sua vez, uniria as duas visões numa só, abarcando toda a experiência humana.

Esta concepção, no Prólogo de *Leonor de Mendonça*, tem uma conseqüência imediata, não bem explicitada pelo autor. A sua peça passa nesse caso a merecer o título de drama, já que as cenas ocorridas na casa de Antonio Alcoforado, com a presença do seu pai e de seus irmãos, no "conchego familiar", acrescentariam traços de comédia à tragédia pública do Duque e Duquesa de Bragança. Em outros termos, o drama nacional admitiria em seu bojo momentos de distensão cômica, no sentido de tranqüilidade, em complemento aos de tensão trágica.

Resolvido este problema, ergue-se o seguinte: o uso do verso ou da prosa. Gonçalves Dias gostaria de fazer como Shakespeare, empregando ora um, ora outro, conforme as circunstâncias. Imagina até o frêmito do público ao espocar do verso:

> Não sei o que diga; mas está me parecendo que, se quando a platéia esperasse ansiosa o desfecho de uma cena, de um ato ou do drama, mudassem os atores repentinamente de linguagem, e trovejassem ao mesmo tempo o verso nos lábios dos atores e a música em todos os instrumentos da orquestra, haveria na platéia tal fascinação que devia esmorecer por fim num bater prolongado de bravos.

O efeito visado pelo poeta compara-se ao proporcionado pela ária, após os recitativos, na ópera italiana, quando o lirismo sobe formalmente de nível. Mas ele não julga ter, aos 23 anos e encetando a carreira literária, suficiente autoridade para impor semelhante novidade. Decide-se então pela prosa, mas sob a condição, evidentemente, de elevá-la ao poético nos instantes de transbordamento emocional. O trecho da peça que menciona é "aquela desbotada imitação de Corneille, aquelas palavras que diz Alcoforado antes de receber a fita de que a duquesa lhe faz mimo". A questão, de resto, não chega a preocupá-lo, levando-se em conta que a prosa de Alexandre Herculano "é poesia" e o verso de

Garrett "parece prosa". A distinção entre os gêneros e os estilos, para os românticos, já não possuía o peso de outrora – ou de outras eras literárias.

Leonor de Mendonça tinha, *a priori*, antes mesmo de ser acabada, algumas vantagens estratégicas sobre as peças que a antecederam ou sucederam. Não existe em seu entrecho o plano histórico, de luta armada entre reinos ou religiões inimigas, o que lhe possibilita uma exposição de enredo direta e linear. Para compor dramas históricos como os de Schiller, que Ruggero Jacobbi a nosso ver erroneamente equipara a estes nacionais, torna-se necessário ter outro domínio da técnica dramatúrgica, capaz de manter, a um só tempo separadas e interligadas, duas tramas paralelas, a individual, de amor e ciúmes, e a coletiva, de facções que se digladiam. É o que *Patkull* e *Boabdil* não conseguem fazer. *Leonor*, cingindo-se ao essencial, não representando as personagens secundárias senão na medida em que elas acompanham as principais, ganha em clareza narrativa e consistência cênica, apresentando-se como um todo fechado, que nunca extravaza para além do que está sendo mostrado no palco, a não ser através das reminiscências pessoais dos protagonistas.

Outra vantagem é que nesta peça Gonçalves Dias se ateve às fontes primárias, escritas em 1512, por ocasião dos acontecimentos históricos. Comenta ele, a esse respeito:

A ação do drama é a morte de Leonor de Mendonça por seu marido: dizem os escritores do tempo que D. Jaime, induzido por falsas aparências, matou sua mulher; dizem-no, porém, de tal maneira, que facilmente podemos conjecturar que não foram tão falsas as aparências como eles nô-las indicam.

Sobre essa dubiedade – "Leonor de Mendonça culpada e condenada, ou Leonor de Mendonça inocente e assassinada" – levantou Gonçalves Dias o seu drama. Mas o contato imediato com o fato histórico, em sua nudez primitiva, parece ter impregnado o espírito do poeta com uma certa dose de realismo prático, livrando-o do pitoresco, que não

111

constitui o lado favorável do romantismo, exceto quando este se lança de todo no fantasioso ou no fantástico.

O maior ganho de *Leonor de Mendonça*, contudo, em relação às duas outras peças, não são essas vantagens exteriores mas a compreensão profunda dos motivos que norteiam – ou desnorteiam – a conduta humana. Reportando-se ao "pensamento severo" que originou a peça, diz o Prólogo que foi a idéia de fatalidade. Mas não "aquela fatalidade implacável que perseguiu a família dos Átridas, nem aquela outra cega e terrível que Werner descreve no seu drama *Vinte e Quatro de Fevereiro*". É bem provável que Gonçalves Dias haja bebido estas informações no volume que Madame de Staël dedicou à Alemanha, de tanta importância na eclosão do romantismo francês e no qual o texto dramático de Zacharias Werner, criado em 1810, aparece ligado de perto à história grega dos desafortunados descendentes de Atreu[13].

Anatol Rosenfeld, ao criticar essas "tragédias da fatalidade", "grande moda na fase romântica" alemã, observa:

> Este tipo de peça mostra o homem vivendo sob a determinação férrea de uma fatalidade que o encaminha a um fim sinistro. [...] O *fatum* da antigüidade é aqui reduzido a um acaso absurdo e boçal que faz do homem um joguete de forças irracionais[14].

Para as platéias atuais essa fatalidade romântica chega por intermédio de algumas óperas de Giuseppe Verdi, cujos libretos se inspiraram em peças românticas famosas, francesas ou espanholas: *Rigoletto*, em *Le Roi S'amuse* (1832), de Victor Hugo; *A Força do Destino* e *O Trovador*, nas peças homônimas, ambas de 1835, de autoria respectiva do Duque de Rivas e de Garcia Gutierrez. Em todas elas alguém mata, ou causa a morte, de uma pessoa que lhe é muito próxima: filha, parentes da amada, irmão.

13. Madame de Staël, *De L'Allemagne*. Garnier-Flammarion, Paris, 1968, pp. 378-379.
14. A. Rosenfeld, *Teatro Alemão*. Brasiliense, São Paulo, 1968, p. 64.

É contra esse painel dramatúrgico, usando-o como *repoussoir* histórico, que se deve projetar a fatalidade proposta por Gonçalves Dias, ressaltando-lhe a modernidade. Eis como ele a expressa:

> É a fatalidade cá da terra a que eu quis descrever, aquela fatalidade que nada tem de Deus e tudo dos homens, que é filha das circunstâncias e que dimana toda dos nossos hábitos e da nossa civilização; aquela fatalidade, enfim, que faz com que um homem pratique tal crime porque vive em tal tempo, nestas ou naquelas circunstâncias.

O nome atual dessa fatalidade, ninguém o ignora, é determinismo, palavra que mal surgia a essa altura do século XIX. Substituía-se o universo cego, ou inteligentemente maligno, de *Vinte e Quatro de Fevereiro* (o drama de Zacharias Werner, aliás, serviria modernamente de modelo a *Le Malentendu* de Albert Camus), pelo mundo presumidamente racional e ordenado da ciência, apesar de muitas vezes movido por causas obscuras e recônditas.

Socialmente, a determinação é a do forte sobre o fraco. Em primeiro lugar, a subordinação da mulher ao homem.

> Há aí também este pensamento sobre que tanto se tem falado e nada feito, e vem a ser a eterna sujeição das mulheres, o eterno domínio do homem. Se não obrigassem D. Jaime a casar contra a sua vontade, não haveria casamento, nem a luta, nem o crime. Aqui está a fatalidade, que é filha dos nossos hábitos. Se a mulher não fosse escrava, como é de fato, D. Jaime não mataria a mulher.

Estas palavras ligam-se naturalmente às que Alfred de Vigny espalhou pelo seu belo *Chatterton*, drama encenado em 1835 e lido por Gonçalves Dias. Destaque-se, por exemplo, esta fala da peça francesa, dirigida pelo velho Quaker a uma menina de seis anos:

> De temor em temor tu passarás a tua vida de escrava. Medo de teu pai, medo de teu marido um dia, até a liberação[15].

---

15. A. Vigny, *Théâtre*, Ernest Flamarion, Paris, s.d., vol. I, p. 198.

Mas Antonio Alcoforado, fidaldo modesto, não deixa de ser igualmente vítima do poder considerável que desfrutava o Ducado de Bragança, de onde sairia, em 1640, a casa reinante de Portugal. Aplica-se também ao jovem, sem dúvida, o que o Prólogo diz sobre D. Jaime e D. Leonor:

> Quando algum dia a luta se travasse entre ambos, o mais forte espedaçaria o mais fraco; e assim foi.

O código da cavalaria, se representava uma ordem moral superior, manifestava-se por outro lado como um sistema de força desiguais. O privilégio de matar, na peça, parece caber aos mais nobres. Talvez não seja por mero jogo metafórico que o Duque de Bragança assume no final da peça o papel de carrasco, que ninguém, naquela hora, desejava desempenhar. Há, nas palavras que endereça então à esposa, um misto de ironia e satisfação pessoal:

> E do céu é que me vem esta inspiração, Senhora Duquesa. Alegraivos... tereis um duque por carrasco.

Uma nota tão evidente de crueldade, de prazer no sofrimento alheio, dá oportunidade a que se passe da determinação social para a psicológica. Esta não se descortina com a mesma limpidez aos olhos de Gonçalves Dias, porque, se os sentimentos já existiam, os vocábulos correspondentes ainda estavam por ser forjados. Ruggero Jacobbi, se não nos enganamos, foi o primeiro a detectar o caráter complexo e ambíguo das duas principais personagens masculinas de *Leonor*. Aludiu, de passagem, sem maiores detalhes, mas com agudeza, ao "tipo sádico-neurótico de D. Jaime" e ao "amor autodestruidor, masoquista, feminino, do Alcoforado"[16].

De fato, o desenho todo do enredo está contido nas três individualidades envolvidas no drama. De um lado, o marido, infeliz desde a infância (como tantos da dramaturgia gonçalvina), não perdoando à mulher o ter-se casado com ele. Do outro, um jovem imaturo, impulsivo, ávido de

---

16. R. Jacobbi, *op. cit.*, p. 70.

amor, mas já o vinculando à idéia de morte. No meio, comprimida, a esposa, sensível à paixão que despertou. A trama assemelha-se à de *Boabdil*, porém com uma diferença capital. O amor adúltero vem depois, não antes do casamento. E não importa que não haja evoluído do espiritual ao físico. O Duque, não sem razão, intercepta nos olhos dos dois a comunhão que nunca existiu entre ele e a Duquesa:

> Tredos! Fizesse eu correr o mar entre ambos que de um lado a outro voaria o pensamento do adultério!... Mar de sangue correrá entre ambos.

Quanto à sua vingança, não é ela produto do amor traído, como em *Boabdil*. Veja-se a explicação fornecida pelo Prólogo:

> O duque é cioso, e, notável coisa! é cioso não porque ama mas porque é nobre. É esta a diferença que há entre Otelo e D. Jaime. Otelo é cioso porque ama, D. Jaime porque tem orgulho.

A vingança contra Alcoforado terá em conseqüência um cunho de represália de classe: o rapaz será executado por um escravo negro com uma faca de cozinha.

A peça desdobra-se em dois planos, o psicológico e o social, fundidos com perfeição. No primeiro, pelo menos em parte inconsciente para o autor, um homem desconfiado, descontente, preparado para ferir, contrapõe-se a outro, cuja vocação romântica inclui o sofrer por amor. No segundo plano, de consciência plena para Gonçalves Dias, um fidalgo da mais alta hierarquia esmaga o seu opositor, que deve pagar caro, com a morte infamante, o haver incursionado por territórios amorosos que lhe são defesos. O direito da cavalaria corre em duas direções opostas: proteção ao mais fraco, reafirmação das prerrogativas do mais forte. D. Jaime interpreta o amor (sentimento que desconhece) de Alcoforado como um gesto de desafio pessoal e social:

> A alma do vilão embriagou-se com a posse de uma duquesa; quis fazer alarde de seus amores, quis escarnecer de mim... enganou-se!

115

Note-se que o termo vilão está empregado aí em suas duas acepções, a de cavaleiro desleal e a de membro da mais baixa das categorias sociais, o habitante da vila.

Leonor de Mendonça diverge das demais peças do autor por se passar em Portugal, avizinhando-se do Brasil. A "cor local" romântica, tentada sem sucesso em *Boabdil*, fica a cargo principalmente do uso da língua portuguesa, resultando numa bela prosa poética, que espelha velhas épocas mas sem se tornar inacessível a ouvidos contemporâneos. O drama foi representado modernamente sem constranger os atores mais do que qualquer outro texto clássico e sem desconcertar o público. Essa proeza talvez Gonçalves Dias fosse o único escritor brasileiro do século XIX em condições de realizar, devido aos anos decorridos em Coimbra.

As três unidades clássicas, de tempo, lugar e ação, já não se ofereciam como cláusulas obrigatórias depois de 1830. Mas continuavam, e continuariam por inúmeros decênios, a constituir uma solução cenicamente cômoda. *Leonor* só não obedece à unidade de lugar. A peça decorre em sua maior parte no Palácio do Duque, em Vila Viçosa, sede dos Braganças. Mas dá-se uma interrupção no início do segundo ato. O primeiro, já recheado de premonições fatídicas, terminara com a Duquesa, imprudentemente, marcando um encontro com Alcoforado, à noite e em seus aposentos. Ela confia em si e no cavalheirismo do rapaz. Agora, no primeiro quadro do segundo ato, a ação desloca-se para "uma sala em casa do velho Alcoforado", pai de Antonio. É a cena doméstica, familiar, que o Prólogo, alargando um tanto as fronteiras do gênero, atribui à comédia. Essa interrupção, entretanto, não quebra o ritmo do enredo, porque persiste nela o tom geral da peça, que é de ampla e vaga inquietação. O pai e os irmãos de Antonio Alcoforado estão apreensivos: na manhã seguinte ele partirá para a África, em busca de suas esporas de cavaleiro. A ele, contudo, o que mais o preocupa, enchendo-o de maus pressentimentos, é o encontro que terá logo mais com a mulher amada (e perigosamente proibida). Não há, nesse sentido, quebra de expectativa. Encerrado esse interregno, mais lírico que dramático, melancólico e não ardoroso, retorna a peça, até o fim, aos acontecimentos de Vila Viçosa, que se precipitarão até o desenlace fatal.

Leonor de Mendonça respira todo tempo o ar do romantismo, tanto no cavalheirismo que se põe à prova quanto na defesa apaixonada da causa feminista. Mas a simplicidade de suas linhas, desembaraçadas de ornamentos, parece remeter ao mais puro classicismo, enquanto que a sua rara capacidade de penetração psicológica e a sua tão clara percepção social fazem-nos recordar de preferência o realismo – não o realismo teatral brasileiro, carregado de moralismo, mas aquele realismo que iria triunfar, em 1857, com a publicação de *Madame Bovary* de Gustave Flaubert. Por sinal, também uma história de adultério de uma malamada esposa (só que desta vez a visão do escritor é cruel e o adultério consumado: trata-se, na verdade, do epitáfio do romantismo).

O que o drama de Gonçalves Dias demonstra, em última análise, é a dificuldade de prender obras concebidas livremente na teia fechada das escolas literárias e das concepções abstratas. Tudo o que o poeta prometeu no Prólogo encontra-se efetivamente no seu texto. Mas alguma coisa ainda não nomeada na época, tendências sadomasoquistas apenas entrevistas pelo poeta – talvez no fundo de si mesmo – acrescentaram-se à trama que une D. Jaime, D. Leonor e Antonio Alcoforado, conferindo-lhe espessura e carnalidade. *Leonor de Mendonça* é uma peça do seu e do nosso tempo, num desses milagres de extemporaneidade de que é capaz a arte.

4. UM DRAMA FANTÁSTICO: ÁLVARES DE AZEVEDO

> *Pensem nisto! a razão é um poder frio e lento que nos enleia pouco a pouco com idéias que ela aduz uma após outra, como os laços sutis, desligados e inumeráveis de Gulliver.*
>
> ALFRED DE VIGNY

1

Com Manuel Antonio Álvares de Azevedo, nascido em São Paulo em 1831 e falecido no Rio de Janeiro em 1852, antes mesmo de completar 21 anos, entramos em cheio no romantismo, inclusive no que tinha este de mais anti-clássico – a literatura fantástica. Ele não foi apenas um poeta romântico. Representou, para os contemporâneos e para as gerações seguintes, o próprio mito do poeta romântico, gênio precoce e inspirado, fadado a desaparecer por não caber bem dentro dos quadros estreitos deste nosso pobre mundo sublunar. Até a sua morte, confirmando funestos presságios poéticos ("Se eu morresse amanhã..."), obedeceria a um desígnio superior. "Que fatalidade, meu pai", teria exclamado, ao terminar a sua breve passagem pela terra. Numa geração de poetas propensos a morrer cedo, ele foi o primeiro, o mais precoce, também neste ponto.

Duas imagens suas cruzam-se numa estranha contradição: a do bom filho e bom irmão (veja-se a sua correspondência familiar), aluno brilhante que aos dez anos começa a escrever cartas em francês e inglês e aos vinte conhece a literatura universal em quase toda sua totalidade; e a do ficcionista fascinado pelo macabro e pelo mórbido, cujas personagens infringem todos os preceitos da moral vigente. Silvio Romero, na *História da Literatura Brasileira*, de 1888, já constatava essa curiosa dualidade, concluindo que ele não era "nem anjo, nem demônio", nem "um espírito meigo, delicado, virgem", nem "um ser depravado, corrupto, ébrio, devasso" - embora a muitos, anteriores ou subseqüentes, parecesse encarnar ora um, ora outro extremo.

A sua obra, salvo raras publicações em jornais de âmbito restrito ou acadêmico, foi editada postumamente. Quando nos dispomos a enfrentá-la, a primeira surpresa vem de sua dimensão, mais apropriada, pelo volume, aos longos anos da maturidade que ao ritmo breve da juventude. Vemo-nos às voltas com um autor que tocava ao mesmo tempo vários projetos, em prosa ou em verso, desenvolvendo-os, contudo, um tanto ao sabor da improvisação, sem perder tempo com retoques, como que impelido – romanticamente, aliás – por uma fonte aparentemente inesgotável de inspiração. Admira-se que, tendo tanto lido, tanto tenha escrito.

A parte mais ponderável de sua produção, na opinião geral, é constituída por algumas poesias, uma novela, *Noite na Taverna*, e uma peça de teatro, *Macário*. Mas, ao lado desta obra de criação, deixou também discursos acadêmicos, enfáticos, não isentos de pedantismo, ensaios críticos tendentes à paráfrase e à tradução, e prefácios, destinados, segundo tudo indica, à impressão em livro. Somando-se toda esta matéria teórica, esparsa, não-sistemática, obteríamos, não um programa estético completo, seria pedir demais, porém algumas grandes linhas em torno dos quais se erguia o seu universo poético.

Os conhecimentos de Álvares de Azevedo, saindo às vezes da literatura para a história e para a filosofia, estendem-se com tal amplitude, formam constelações tão ricas, que logo desconfiamos que pelo menos alguns daqueles nomes, citados às dezenas, provêm menos de leituras diretas que de informações fornecidas por terceiros, colhidas em compêndios ou em salas de aula. Assim mesmo, não deixa de comover tamanha ânsia juvenil de tudo saber, tudo abarcar, num só audacioso golpe de vista. Por outro lado, no seu tipo de raciocínio, que passa com facilidade do abstrato ao concreto, através de imagens que procuram tornar o pensamento sensível aos olhos e aos ouvidos, as considerações pessoais nunca se reduzem a conceitos, a escolas, cristalizando-se de preferência sobre vultos exponenciais, reconhecidos por todos como verdadeiros nomes tutelares da experiência literária – Homero na Grécia, Dante na Itália, Camões em Portugal, Cervantes na Espanha, Milton na Inglaterra, Goethe na Alemanha. Ou, talvez sobrepondo-se a todos pela freqüência com que é rememorado, Shakespeare, escritor que Álvares de Azevedo demonstra ter freqüentado intensa e fervorosamente, seja na vertente trágica – *Hamlet*, *Otelo* –, seja na cômica, que o encantava por sua alada fantasia. Já os dramaturgos franceses – tirante Racine –, mais frios, mais racionais, parecem não entusiasmá-lo tanto.

Entre os vivos em meados do século XIX, debruçou-se amorosamente sobre a poesia de Alfred de Musset, os romances poéticos de George Sand e o teatro de Alfred de Vigny, nomeadamente sobre o drama *Chatterton*.

Há, no entanto, um grupo de escritores, imediatamente anteriores a esses, que o fascinam pela conjunção, já plenamente romântica, entre a vida desregrada, com excesso de sexo ou de bebida, e a carreira literária, desenrolada fora dos padrões habituais. Cabem, nessa categoria, Byron, "o poeta-rei, que adormecia nas orgias febris"; Zacharias Werner, que, "pelo chão das tavernas da velha Alemanha", "profanava na embriaguez a sua larga fronte mística"; e Bocage, "o poeta dos lupanares", que se podia ver, "na velha Lisboa", "com os cotovelos nas mesas torpes da taverna"[1]. A taverna, que teria a sua vez – a *Noite na Taverna* – na ficção de Álvares de Azevedo, já simbolizava aqui, em seus escritos teóricos, a vida noturna, no que representava de exclusão social e no que possuía de subterrâneo, de inconfessável, de moralmente livre e perverso. Os maus sentimentos podem estar na raiz da melhor poesia porque o poeta também pode ser um anjo decaído.

O mal que o afligia, em muitos desses casos, seria a descrença, assunto que mereceu por parte de Álvares de Azevedo um pequeno ensaio: "Da Descrença em Byron, Shelley, Voltaire, Musset". Ele aceita bem a incredulidade quando ela rói por dentro o escritor, levando-o às bordas do desespero, numa concepção agônica da existência que se traduziria em versos candentes. Não perdoava, em contraposição, na sua religiosidade anticlerical, a descrença tranqüila, segura de si, irônica para com os crentes. É o que o faz preferir o escárnio "satânico" de Byron ao "atroz" ceticismo de Voltaire. E o poeta nacional, a propósito, cita Victor Hugo: "O riso de Byron não é o de Voltaire. *Don Juan* não é o contrapeso de *Cândido*. Voltaire não sofrera". O materialismo, de resto, é "de essência prosaico". "No materialismo bruto não pode haver poesia". Quanto a Bocage, alvo de um estudo em separado, pode-se dizer que ele se matou em vida: "Que foi suicídio a morte de Bocage crêmo-lo nós: suicídio de alma e de corpo... pois, quando aquele cadáver esfriou, já a alma lhe estava morta".

Mas existe, no século XIX, outra causa para a infelicidade do poeta: a sua inadequação às novas exigências sociais. O artista, no passado próximo, como se sabe, fora custeado pela aristocracia. Com a ascensão da burguesia,

---

1. Estas citações acham-se em: José Aderaldo Castello. *Textos Que Interessam à História do Romantismo*. Conselho Estadual de Cultura, São Paulo, 1960, pp. 95-180. Os erros na transcrição de nomes pessoais foram corrigidos. As citações seguintes provirão da mesma fonte.

que pode ele oferecer no mercado de trabalho? Alfred de Vigny, no *Chatterton*, peça comentada e traduzida em alguns trechos por Álvares de Azevedo, coloca a questão, quer no enredo, quer no prefácio, julgado pelo autor brasileiro "tão belo como o drama". A Inglaterra é um navio – diz o próprio Chatterton –, no qual cada um cumpre uma tarefa específica. E o poeta? Qual a sua missão? "Ele lê nos astros a rota que nos mostra o dedo do Senhor". Vale dizer que está fora da sociedade moderna, de natureza laica e econômica. Não causa espanto, então, que tantos poetas se suicidem, de fato, como Chatterton, ou lançando mão de uma vida dissoluta, como Bocage.

Para terminar este bosquejo, imperfeito também na medida em que se assenta sobre difusos escritos juvenis, diríamos que a Poesia ("o sonho do poeta") e a Filosofia ("as elocubrações da filosofia") são as duas parcelas prediletas de Álvares de Azevedo, entre as várias que compõem a sabedoria humana, chamada às vezes por ele de Ciência, no sentido de totalidade do saber, não no de ciências naturais, que não aparecem entre as suas preocupações. O romance, gênero literário moderno, mais próximo da realidade cotidiana, só atua em seu espírito quando de forte teor poético, como os de George Sand.

2

Entre as obrigações românticas figurava o interesse pelo teatro. Álvares de Azevedo dedica-lhe, no plano teórico, um artigo, "Carta sobre a Atualidade do Teatro entre Nós", e o prólogo da peça *Macário*.

A Carta é mais uma lamentação, não sobre a atualidade e sim sobre a falta de atualidade do teatro nacional. Um dos parágrafos iniciais já diz tudo:

> É uma miséria o estado do nosso teatro; é uma miséria ver que só temos o João Caetano e a Ludovina. A representação de uma boa concepção dramática se torna difícil. Quando só há dois atores de força, su-

jeitamo-nos ainda a ter só dramas coxos, sem força e sem vida, ou a ver estropiar as obras do gênio[2].

Quais "obras do gênio" gostaria ele de contemplar em palcos nacionais? Peças de Schiller, de Goethe, de Alexandre Dumas (estas na verdade encenadas regularmente por João Caetano), traduções de Shakespeare, feitas sobre o original inglês, não por intermédio do "reflexo gelado do Ducis"[3].

Mas um bom texto não basta em teatro. Para que ele chegue ao público,

é preciso gosto na escolha dos espetáculos, na escolha dos atores, nos ensaios, nas decorações. É desse todo de figuras grupadas com arte, de efeito das cenas, que depende o interesse. Talma o sabia. João Caetano, por uma verdadeira adivinhação de gênio, lembra-se disto.

É a teoria da reminiscência de Platão aplicada ao contexto nacional. O artista teria em seu íntimo uma imagem clara ou velada da verdade.

O restante do artigo, um tanto em contradição com a imagem que se costuma atribuir a Álvares de Azevedo, tem como centro a comédia. "Mas o que é uma desgraça, o que é a miséria das misérias, é o abandono em que está entre nós a comédia". "O soco romano-grego tornou-se o tamanco imundo da vagabunda desbocada". O poeta admitia palavras fortes. Refere-se, sem se chocar, antes com admiração, ao *whore* que Otelo lança contra Desdemona. Mas não aprecia a linguagem chula, "as chufas obscenas" das más farsas.

O ator cômico nacional que destaca não é de modo geral conhecido por esta faceta. Ei-lo:

2. Ludovina Soares da Costa (1802-1868), atriz trágica portuguesa, fixara-se no Rio de Janeiro desde 1829. João Caetano dos Santos (1808-1863), nem seria preciso dizê-lo, foi o maior ator brasileiro do século XIX.
3. J. F. Ducis, escritor francês do século XVIII, adaptara *Otelo* às normas clássicas, sendo este texto traduzido por Gonçalves de Magalhães e interpretado por João Caetano.

E, contudo, nós que nos fizemos homem no tempo em que João Caetano não se envergonhava de representar Casanova. Nós que o vimos, não há muito, vestir o disfarce de Robin, enlaçar-se no manto roto de Dom Cesar de Bazan, que soltamos boas gargalhadas ante o *Auto de Gil Vicente* e Robert Macaire, não podemos deixar de lamentar que ele desdenhe a máscara da Comédia.

Estas peças, caídas a maior parte em justo esquecimento, pedem esclarecimentos. O *Auto de Gil Vicente*, ninguém o ignora, é da autoria de Garrett. *Casanova no Forte de Santo André* e *As Memórias do Diabo*, onde surge a personagem Robin, devem-se à pena de Etienne Arago, irmão de Jacques Arago, autor francês amigo de João Caetano. *D. Cesar de Bazan*, drama-*vaudeville* (se é possível tal combinação), pertence à enorme produção dramatúrgica de A. Dennery. Roberto Macário, no entanto, merece um cuidado um pouco maior. Conta a lenda – e talvez seja verdade – que Fréderick Lemaitre, o astro do romantismo francês no que diz respeito a atores, recebera das mãos de seus três modestos autores, B. Antier, A. Lacoste e A. Chaponnier, um autêntico melodrama, igual em sustos e peripécias a todos os outros. Mas revirara o texto pelo avesso, conferindo ao protagonista inesperados e irresistíveis contornos cômicos. Comentou Théophile Gautier:

> Fréderick Lemaitre tinha criado, para a personagem de Roberto Macário, um gênero de cômico absolutamente shakespeariano, alegria terrível, gargalhada sinistra, derrisão amarga, caçoada sem piedade, sarcasmo que deixa longe a fria maldade de Mefistófeles, e, além de tudo isso, uma elegância, uma destreza, uma graça surpreendentes, que são como a aristocracia do vício e do crime[4].

Não sabemos, nunca saberemos, se João Caetano exibiu-se à altura do grande ator francês, um de seus modelos inspiradores. Mas, ao que parece, fez o suficiente para deixar impresso na memória de um de seus espectadores, senão uma personagem, um nome: Macário.

---

4. *Apud* Décio de Almeida Prado. *João Caetano, o Ator, o Empresário e o Repertório*. Perspectiva, São Paulo, 1972, p. 91.

O artigo de Álvares de Azevedo fecha-se bem à sua maneira, ao mesmo tempo enciclopédica e individualizante, por concentrar-se sobre alguns nomes estelares. Prescreve o seguinte roteiro para os iniciantes na comédia:

> Começarão por traduções, estudando o teatro espanhol de Calderón de la Barca e Lope de Vega, o teatro cômico inglês de Shakespeare até Sheridan, o teatro francês de Molière, Regnard e Beaumarchais e mais modernamente enriquecido pelo repertório de Scribe e pelos provérbios de Leclercq e de Alfred de Musset.

Para os mais afoitos, "os que tiverem mais gênio", possivelmente os de vocação dramática, recomenda um programa ainda mais ambicioso, com o estudo do teatro grego, francês, inglês e alemão, depois do que "poderão talvez nos dar noites mais literárias, mais cheias de emoção do que aquelas em que assistimos aos melodramas caricatos (...)".

O Prólogo do *Macário* intitula-se Puff. Começa aqui o reino da fantasia que irá imperar na peça. Puff, em primeiro grau, é uma personagem virtual de Shakespeare. Em segundo grau, uma personagem real, do próprio Álvares de Azevedo. Ele se apresenta em "Boêmios", "ato de uma comédia não escrita" pelo poeta brasileiro. "A cena passa-se na Itália no século XVI. Uma rua escura e deserta. Alta noite". Ao abrir-se o pano, "Puff dorme no chão abraçando uma garrafa". É um bêbedo e um devasso, talvez um poeta: "Os bons poetas / Para ser imortais beberam muito". Acusado de tais vícios, replica com uma citação shakespeariana:

> Respondo-te somente o que dizia
> Sir John Falstaff, da noite o cavaleiro:
> Se Adão pecou no estado de inocência
> Que muito é que no de impureza
> Peque o mísero Puff ?[5]

Na boca do nobre Sir John Falstaff, nas três peças de Shakespeare em que ele entra em cena, só conseguimos

---

5. *Grandes Poetas Românticos do Brasil*. Edição de Frederico José da Silva Ramos e Antonio Soares Amora. LEP, São Paulo, 1954, p. 233.

localizar uma fala aparentada a essa, porém com outro herói, que não "o mísero Puff":

Falstaff – Dost thou hear, Hal? thou knowest in the state of innocence Adam fell; and what should poor Jack Falstaff do in the days of villany?[6]

Quanto a Puff [*sopro, baforada, em inglês*], comparece de passagem, lembrado somente pelo nome, que seria *Puff of Barson*, em outro texto de Shakespeare, também animado por Falstaff e seu burlesco séquito[7].

Que quis dizer Álvares de Azevedo com esse pequeno enigma, essas falsas pistas? Provavelmente o episódio não passou de uma brincadeira do poeta com o seu amado bardo britânico, um lance de fantasia que servia para tirar o prólogo de suas costumeiras abstrações, atribuindo-lhe fictícias feições humanas. Se esse ponto permanece um tanto obscuro, à espera de esclarecimento, não pairam dúvidas sobre quem fala através de Puff: é mesmo o poeta brasileiro. São inconfundíveis o timbre de sua voz e a magnitude de suas aspirações:

> Criei para mim algumas idéias teóricas sobre o drama. Algum dia, se houver tempo e vagar, talvez as escreva e dê a lume. / O meu protótipo seria alguma coisa entre o teatro inglês, o teatro espanhol e o teatro grego: a força das paixões ardentes de Shakespeare, Marlowe e Otway, a imaginação de Calderón de la Barca e Lope de Vega; e a simplicidade de Ésquilo e Eurípedes.

O que o poeta está postulando nesse momento, no campo da idealidade onde todas as audácias do pensamento são admitidas, é nada menos que um pós-romantismo que seria igualmente um pós-classicismo, na medida em que combinaria as qualidades de certo modo divergentes das duas escolas: o fervor romântico ("as paixões ardentes") e o senso de medida clássico ("a simplicidade"). O drama, para Ál-

---

6. Primeira Parte do *Rei Henrique IV*, 3º ato, 3ª cena. Tradução ao pé da letra: "Não ouves, Hal? Sabes que no estado de inocência Adão caiu; e o que poderia fazer o pobre Jack Falstaff nos dias de vilania?"
7. Segunda Parte do *Rei Henrique IV*, 5º ato, 3ª cena.

vares de Azevedo, é "a vida e só a vida! mas a vida tumultuosa, férvida, anelante, às vezes sangrenta". Mas, "se pudesse, antes de fazer meu quadro, traçar as linhas no painel, fa-lo-ia regular como um templo grego ou como a *Atalia*, arquétipa de Racine". O romantismo, em suma, já teria vivido a sua hora de rebelião, podendo ser ultrapassado por uma nova síntese, que conjugaria passado clássico e presente romântico, numa fórmula superior, de alcance e validade universais.

Esse curto e polêmico prefácio interessa não apenas pelo que inclui como, e sobretudo, pelo que exclui deliberadamente. A ausência da Alemanha, nas dramaturgias julgadas seminais – a inglesa, a espanhola e a grega –, é imediatamente compensada pela menção a Goethe e Schiller, nomes trazidos à tona através de seus principais dramas. Já o mesmo não sucede com outros autores, entre os mais conhecidos. O "tipo talvez novo" de peça que se propõe "não se parece com o misticismo do teatro de Werner [...] e ainda menos com o de Kotzebue ou o de Victor Hugo e Dumas".

São exclusões clamorosas para a época, mormente em se tratando de relações literárias entre a Europa e o Brasil. Zacharias Werner estava em todas as mentes, por intermédio de *Vinte e Quatro de Fevereiro*, a primeira "tragédia da fatalidade" alemã. Kotzebue tivera o seu *Misantropia e Arrependimento*, além de encenado no Brasil, traduzido e publicado em português. Mas o que realmente causa espécie é o banimento sumário de Victor Hugo e Alexandre Dumas, os dois pilares do teatro romântico francês. Não que Álvares de Azevedo os desprezasse artisticamente. Ao contrário, não faltam em seus ensaios palavras de elogio tanto a um quanto ao outro. O que não o agradava, quer nos parecer, são as semelhanças existentes entre os dramas românticos dos dois autores e os melodramas populares, cheios de truques de enredo, que infestavam os palcos brasileiros. O escritor nacional, pelo que se depreende, preferia, ao romantismo francês, recente e triunfante, as suas raízes históricas, plantadas na Inglaterra, Espanha e Alemanha. Antes o verdor, a ingenuidade cênica, que os malabarismos da carpintaria teatral, de que seriam réus Dumas e Victor Hugo.

Nada destas cogitações, contudo, diz respeito a *Macário*. Basta, para sabê-lo, transcrever na íntegra, sem comentários, os parágrafos finais do prólogo, que definem com exatidão o que se vai ler.

São duas palavras estas, mas estas duas palavras têm um fim: é declarar que o meu tipo, a minha teoria, a minha utopia dramática não é esse drama que aí vai. Esse é apenas, como tudo que até hoje tenho esboçado, como um romance que escrevi numa noite de insônia, como um poema que cismei numa noite de febre – uma aberração dos princípios da ciência, uma exceção às minhas regras mais íntimas e sistemáticas. Esse drama é apenas uma inspiração confusa, rápida, que realizei às pressas, como um pintor febril e trêmulo.

Vago como uma aspiração espontânea, incerto como um sonho – como isso o dou, tenham-no por isso.

Quanto ao nome, chamem-no drama, comédia, dialogismo: não importa. Não o fiz para o teatro: é um filho pálido dessas fantasias que se apoderam do crânio e inspiram *A Tempestade* a Shakespeare, *Beppo* e o *IX Canto de D. Juan* a Byron, que fazem escrever *Annunziata* e o *Conto de Antonia* a quem é Hoffmann, ou *Fantasio* ao poeta de *Namouna*.

Esse é o paradoxo que Álvares de Azevedo, morrendo tão moço, legou ao teatro. Escreveu um prólogo meio clássico, pelo menos sensível às qualidades clássicas, para uma peça que é a mais puramente romântica entre todas do teatro brasileiro.

3

Macário divide-se em duas partes, relativamente autônomas, chamadas, talvez por isso, episódios, não atos. O Primeiro Episódio mostra a chegada de um estudante, de quem só conhecemos o nome – o da peça –, a uma cidadezinha de que não ficamos sabendo nem mesmo o nome. Mas o diálogo dá sobre ela umas poucas e precisas informações: tem o nome de um santo; foi fundada por jesuítas; é um centro estudantil; não fica muito distante do mar, separando-se dele, contudo, por uma escarpada subida de serra. Tanto bastou, e mais alguns pormenores geográficos, para que toda uma série de comentaristas, cheios de boas razões, a identificassem com São Paulo, onde Álvares de Azevedo, ao morrer, iria cursar o quinto ano da Academia de Direito.

Nesse caso – somos levados a perguntar – não poderia ser Macário a imagem do próprio autor da peça, que se teria retratado numa de suas viagens entre o porto de Santos, em que desembarcava vindo do Rio de Janeiro, e o modesto burgo que era então São Paulo? A hipótese é tentadora – muita gente deixou-se tentar – mas não parece provável. Existem, é verdade, certas similitudes entre o criador da peça e a sua criatura ficcional. Ambos têm vinte anos, ambos estudam em São Paulo, ambos são poetas, com maior ou menor desenvoltura. Mas as diferenças são maiores. Para citar uma só: Álvares de Azevedo pertencia a uma família de alguma projeção social e política, ao passo que Macário, perguntado a respeito, responde com uma ponta de humor negro: "Se não fosse enjeitado, dir-te-ia o nome de meu pai e de minha mãe. Era de certo alguma libertina. Meu pai, pelo que penso, era padre ou fidalgo". A bastardia, de resto, tornara-se um troféu romântico, desde que Antony, personagem teatral de Alexandre Dumas, citado na peça brasileira, agitara no ar, como uma bandeira negra de revolta, a sua ilegitimidade.

Essa reversão, do mundo real para o fictício, leva-nos a indagar, de volta, se o vilarejo para o qual se encaminha Macário seria mesmo São Paulo. A resposta, desta vez, surge sob forma dubitativa. Será com certeza São Paulo, mas transfigurada pelo que Antonio Candido qualificou, apropriadamente, de "invenção literária da cidade de São Paulo"[8]. O universo em que se move Álvares de Azevedo nunca vai além do literário. As pessoas que o habitam são poetas, romancistas, historiadores, filósofos. Mas esta peça demonstra que ele era igualmente capaz de fazer o percurso inverso: pegar a realidade bruta e transformá-la em matéria literária. O que era, na verdade, a cidade paulista em mea-

---

8. "Teatro e Narrativa em Prosa de Álvares de Azevedo", in A. Azevedo, *Macário*. UNICAMP, Campinas, 1982, p. V. Todas as citações da peça decorrem desta edição, que segue a de Homero Pires.

dos do século XIX? Para os estudantes de Direito, um gueto artístico, uma ilha de saber jurídico cercada de todos os lados pela ignorância roceira. Para os paulistanos, a convivência, nem sempre tranqüila, com um bando de jovens forasteiros, inclinados a metamorfosear o tédio provinciano, a falta de ocupação e diversão, em elegante *spleen* europeu, quando não, na linguagem estudantil da época, em alegre e caprichoso "cinismo".

Essa é a cidade de São Paulo que Álvares de Azevedo transpõe para o palco, vista, não diretamente, mas através de uma sucessão de frases sardônicas, epigramáticas, que nem por terem sido citadas à exaustão perderam o viço da juventude. Seguem-se alguns exemplos, colhidos entre os mais repisados. Sobre a moldura geográfica: "A cidade, colocada na montanha, envolta em várzeas relvosas, tem ladeiras íngremes e ruas péssimas. É raro o minuto em que não se esbarra a gente com um burro ou com um padre". Sobre a condição moral: "Demais, essa terra é devassa como uma cidade, insípida como uma vila, e pobre como uma aldeia". Sobre a fauna humana que nela reside:

> Mulheres, padres, soldados e estudantes. As mulheres são mulheres, os padres são soldados, os soldados são padres, e os estudantes são estudantes: para falar mais claro, as mulheres são lascivas, os padres dissolutos, os soldados ébrios, os estudantes vadios.

Desse modo, graças ao toque poético, ao dom de iluminar as palavras umas pelas outras, a negatividade do real passa a ser positividade artística. A sensação de vazio, de monotonia, de insuficiência vital, dá origem a um painel romanticamente impregnado de vício e sensualidade mal reprimida.

Para completar o quadro só falta o diabo? Não, também ele está presente, sob o formato de um Satã moderno, nórdico, aristocrático, que pouco tem a ver com o velho demônio do cristianismo. São de sua autoria, aliás, todas aquelas descrições de São Paulo, corroídas, como se leu, pelo ceticismo e pelo espírito de maledicência. O seu aspecto físico é tão agradável, tão contrário à idéia do Mal absoluto, que ele tem de recorrer à eloqüência para persuadir Macário quanto à sua verdadeira identidade:

Macário – E tu és mesmo Satã?
Satã – É nisso que pensavas. És uma criança. De certo que queríeis ver-me nu e ébrio como Caliban, envolto no tradicional cheiro de enxofre! Sangue de Baco! Sou o diabo em pessoa! Nem mais, nem menos: porque tenha luvas de pelica e ande de calça à inglesa, e tenha olhos tão azuis como uma alemã! Queres que to jure pela Virgem Maria?

A sua condição infernal só se trai pela frieza da mão (e da perna, quando esta, na subida da serra, roça a de Macário), e por alguns truques do ofício que ele executa em cena, como sacar do bolso uma garrafa de vinho e um cachimbo já pronto para ser aceso na vela da estalagem, onde os dois viajantes param para descansar.

Começou há pouco a fase de transição entre o natural e o sobrenatural. A estalajadeira parece ter feições de bruxa, ouvem-se vozes anônimas vindas de fora da cena, fugiu o burro que conduzia Macário. A falta de conexão instala-se às vezes, com fins levemente humorísticos, até no diálogo:

Macário, bebe – Eu vos dizia pois... Onde tínhamos ficado?
O Desconhecido – Não sei. Parece-me que falávamos sobre o Papa.

Satã, minutos antes de revelar-se como tal, propusera a Macário um pacto, prontamente aceito:

O Desconhecido – Aperta a minha mão. Até sempre: na vida e na morte!
Macário – Até sempre, na vida e na morte!

Álvares de Azevedo, grande admirador do *Fausto* de Goethe, uma de suas referências constantes, acaba de dar a Macário o seu respectivo Mefistófeles.

Saem os dois, à noite, o rapaz sentado na garupa do burro preto de Satã (descendente "em linha reta do burro em que fez a sua entrada em Jerusalém o filho do velho carpinteiro José"). Mas nunca chegarão a entrar efetivamente na cidade colimada. A viagem que fazem juntos é outra, liberada das contingências do espaço e tempo. Quadros sucessivos, de títulos soltos, como "Num Caminho" e "Ao Luar", levam-nos a entrar peio território não geográfico do sonho e do pesadelo.

Satã é o próprio espírito da negação, como lhe observa Macário:

> Para ti nada há bom. Pelo que vejo, na criação só há uma perfeição, a tua. [...] Substância da soberba, ris de tudo o mais embuçado no teu desdém.

O tom blasfematório, que respinga aqui e ali por todo o diálogo, atinge o máximo quando o rapaz, sonhando, ouve uma terrível imprecação: "Cristo, sê maldito. Glória, três vezes Glória ao anjo do Mal". O Mal, neste momento, não é uma ausência mas uma presença forte e real, como a do Bem.

Quanto a Macário, ele se julga velho e ressequido espiritualmente, talvez pelo excesso de pensamento, talvez pela dúvida metafísica – ou seja, pela sombra da descrença religiosa. Até a natureza tropical, a única riqueza brasileira, é-lhe indiferente. "O luar é sempre o mesmo. Esse mundo é monótono a fazer morrer de sono". Mas, de fato, não passa de um menino. É o que lhe diz Satã: "Falas como um descrido, como um saciado! E contudo ainda tens lábios de criança".

Satã, num ímpeto de crueldade, conduzirá Macário até o centro do desespero infantil, em meia hora de pesadelo que parece durar séculos:

Macário – E de quem é esse suspiro? por quem é essa oração?
Satã – De certo que não é para mim... Insensato, não adivinhas que essa voz é de tua mãe, que essa oração era para ti?
Macário – Minha mãe! minha mãe!
Satã – Pelas tripas de Alexandre Bórgia. Choras como uma criança!

No dia seguinte, depois de renegar Satã, Macário acorda na estalagem, como se nada tivesse acontecido durante a noite. São três horas da tarde, a ceia da véspera está intacta, o burro que montava não fugiu, a mulher da estalagem não viu desconhecido algum em sua casa. Todo o episódio referente a Satã deve ter sido o resultado de um mau sonho. Mas, não: "há uns sinais de queimado aí pelo chão.

É um trilho de um pé". A estalajadeira, horrorizada, tira, para Macário, a conclusão desse Primeiro Episódio: "Um pé de cabra... um trilho queimado... Foi o pé do diabo! o diabo andou por aqui!"

Quebra-se, desse modo, aquela hesitação entre o natural e o sobrenatural que, segundo Todorov, constitui a essência da literatura fantástica[9].

Esse ato de *Macário* é em si mesmo uma peça completa, com princípio, meio e fim. A ação evolui do comum ao insólito, sobe até o sobrenatural, retorna à realidade, para terminar com uma derradeira reviravolta. Esse fio de enredo, apenas esboçado, faz com que o diálogo nunca perca o rumo e o ritmo teatral, nunca se desgarre de todo por vias colaterais.

A prosa de Álvares de Azevedo, que nos escritos teóricos, sobretudo nos discursos acadêmicos, apóia-se não raro sobre redundâncias, busca de efeitos retóricos, liberta-se dessa crosta oratória, cingindo-se à limpidez da expressão poética. O autor nos autorizara, no Prólogo, a classificar como desejássemos a sua peça – "drama, comédia, dialogismo". Há de fato na textura desse Primeiro Episódio leves traços cômicos, na insolência de certas formulações verbais, no cinismo provocador de Satã, como há um evidente fundo dramático nas provações existenciais a que é submetido Macário. Mas só por exceção cai-se no simples dialogismo, se entendermos por esse termo a conversa resumida a si mesma, sem a tensão, o ímpeto para a frente, que caracteriza a linguagem teatral.

O gênero fantástico, nascido em torno do romantismo, tem como proposta primeira contar uma história perturbadora, que desafie as leis da verossimilhança, jogando habilmente com as fronteiras da realidade. Não é, portanto, devido a esse caráter lúdico, o instrumento mais apropriado para se extrair de uma obra de ficção os pontos de vista pessoais do autor, como se faria, sem maiores dificuldades, com uma peça de tese, que marca claramente as suas posições.

9. T. Todorov. *Introdução à Literatura Fantástica*. Perspectiva, São Paulo, 1973, p. 31.

Assim mesmo, cremos que é possível delimitar nesse Primeiro Episódio alguns tópicos que não hesitaríamos em ligar à personalidade de Àlvares de Azevedo. Por exemplo, a disputa entre crença e descrença religiosa, a primeira mais confiável, mais segura moral e socialmente, a segunda com o prestígio das coisas perigosas e proibidas. A falta de fé – parece dizer o poeta – estiola a alma, mas, além de alargar o campo da experiência humana, talvez estimule, em alguns escritores, como Byron, a força da fantasia poética.

Outro ponto que merece menção – e muitos já o fizeram – é o apego de Macário à figura da mãe, embora se diga enjeitado, num tipo de relacionamento com a mulher que antecede a plena expansão da sexualidade. Ele, aliás, espicaçado por Satã, discorre livremente sobre o amor, encarado em seus dois aspectos, o físico e o espiritual. De um lado, para ele, está a virgem, assim descrita em termos ideais: "Eu a quereria virgem n'alma como no corpo. Quereria que ela nunca tivesse sentido a menor emoção por ninguém". De outro lado, situar-se-ia a prostituta, cuja atividade nada teria a ver com o amor: "O amor? Quem te disse que era o amor? É uma fome impura que se sacia".

Mário de Andrade, em ensaio justamente célebre, partiu daí, e da análise do conjunto das suas poesias, para concluir pela inexperiência sexual do poeta brasileiro, relativa ou total. "Todas as mulheres" – escreveu – "que vêm na obra de Álvares de Azevedo, se não são consangüineamente assexuadas (mãe, irmã), ou são virgens de quinze anos ou prostitutas, isto é, intangíveis ou desprezíveis"[10]. A crítica é sagaz e pertinente. Mas peca, a nosso ver, ao não levar em conta que esse dualismo entre amor e sexo, entre virgem e prostituta, decorria da própria situação social que o jovem brasileiro enfrentava no século XIX (e boa parte do século XX). José de Alencar, anos mais tarde, ainda fazia dessa dissociação o fulcro de alguns de seus romances e peças de teatro.

---

10. M. Andrade, *Aspectos da Literatura Brasileira*, Martins, São Paulo, s / d, p. 204.

O Primeiro Episódio de *Macário* dramatiza, em suma, os conflitos inerentes à adolescência. Há muitos motivos para descrer, seja na religião, seja em filosofia. Mas como fugir, nesse caso, à atração pelo abismo, à sensação niilista que todo real tem qualquer coisa de irreal? Parece ser esse o diálogo mais fundo que se trava entre Satã e Macário e que se pode sintetizar em duas falas, arrancadas do seu contexto mas correspondentes entre si:

Satã – É uma bela coisa o vapor de um charuto! E demais, o que é tudo no mundo se não vapor?
Macário – Duvido sempre. Descreio às vezes. [...] O amor, a glória, a virgindade, tudo é uma ilusão.

O Segundo Episódio mais expande do que continua o Primeiro. A preocupação com o espaço e o tempo, já diminuta, desaparece de vez, juntamente com o delineamento do enredo. Estamos agora na Itália – não a Itália histórica, mas o país sonhado pelas fantasias românticas. Não lhe faltam, inclusive, resquícios tropicais sobrados do Primeiro Episódio. Penseroso, personagem novo, ao cismar à noite (o dia seria menos romântico), ouve "a toada monótona da viola" e a "cantilena do sertanejo", sentindo a alma "embalada nas redes moles do sono". Juraríamos estar ainda no Brasil – porém o mais sábio é deixar de lado a idéia de unidade de lugar, bem como a de qualquer conexão estreita entre peça e realidade próxima. A Europa e a América de resto, não tardarão a se irmanar, na orgia que Georgio pretende dar: "Teremos os vinhos da Espanha, as pálidas voluptuosas da Itália e as americanas morenas".

A lei estética agora reinante, tipicamente romântica, é a do fragmento, do inacabado, da obra aberta. A ação, na tênue medida em que existe, divide-se em dez quadros, de títulos apropriadamente pouco determinados: Uma Sala, A Porta de uma Taverna, Uma Rua. Deslizam pela cena algumas personagens (Dr. Larius, Huberto, que só diz uma frase, Georgio e David, apenas mencionados) cuja ligação com Macário, ou com Penseroso, ignoramos. Este, contudo, merece um tratamento especial. Um dos quadros decorre em seus aposentos e páginas do seu diário são transcritas, tal como estão no papel, escapando por esse lado ao teatro, que só admite a palavra oral.

Resumir este Segundo Episódio, ele mesmo altamente episódico, seria impossível. Mas o que se apresenta agora no texto não deixa de ter uma certa relação com o Primeiro Episódio. Volta, por exemplo, a relação mãe-filho, associada à morte e talvez ao sexo. (Mário de Andrade acha significativo que Álvares de Azevedo haja desejado morrer na cama da mãe). Esta mãe, a da peça, considerada de início por Macário uma "Messalina de cabelos brancos", na verdade acalenta no colo o cadáver do filho afogado, que ela procura reanimar com o calor do seu corpo: "Quando eu o embalava no meu seio, ele às vezes empalidecia... que parecia um morto, tanto era pálido e frio!... Meu filho! Hei de aquentá-lo com meus beiços, com meu corpo..."

Macário e Penseroso (outro nome tirado da literatura, desta vez de Milton) também são frágeis, tendendo para o suicídio e para a morte. O livro de poesias que Macário dá para Penseroso ler parece a este "um copo de veneno". Duas concepções diversas do romantismo irão se defrontar, por intermédio dos dois amigos, unidos pela inquietação literária mas opostos quanto às convicções estéticas. Uma, a de Penseroso, baseia-se na crença de que o Brasil, por ser parte da América, representa para a Europa a descoberta de um "admirável mundo novo" (digamos assim), a começar pela vegetação luxuriante.

> Esse Americano – (*Pergunta retoricamente Penseroso ao autor do livro, cujo nome não sabemos*) – não sente que ele é filho de uma nação nova, não a sente [...] cheia de sangue, de mocidade e verdor? Não se lembra que os seus arvoredos gigantescos, seus oceanos escumosos, os seus rios, as suas cataratas, que tudo lá é grande e sublime?

É o tema da magnificência da natureza tropical, que José de Alencar logo desenvolverá. A este romantismo algo rotineiro contrapõe-se outro, mais interessado pelas dúvidas do homem que pela riqueza da terra, mais próximo do negativismo de Satã, que assim justifica a sua presença em cena, que das verdades reveladas por Deus. É o que, pouco mais ou menos, replica Macário a Penseroso: "e dize-me se no riso amargo daquele descrido, se na ironia que lhe cresta os beiços não há poesia como na cabeça convulsa de Laocoonte".

A discussão é interessante, por dizer respeito ao futuro da literatura brasileira, que, de maneira geral, preferiu o caminho indicado por Penseroso. Mas a peça, infelizmente, levada pela eloqüência discursiva, pelas posições teóricas desligadas de qualquer contexto humano, descamba no puro "dialogismo". Por trás das palavras sonoras não se desenham conflitos dramáticos imediatos. A controvérsia, de natureza literária, caberia perfeitamente num ensaio sobre as duas faces do romantismo, a otimista e a pessimista, a nacionalista e a universalizante, a cristã e a demoníaca.

De fato, boa parte do texto repete – ou antecipa, se a peça for anterior – o que Álvares de Azevedo desenvolveu sobre a descrença em seus escritos teóricos. Mas não é a repetição que se estranha e sim a confusão entre o plano de ficção teatral, encarnado em pessoas, e o plano do estudo especulativo, alicerçado em conceitos, idéias abstratas. Álvares de Azevedo sentiu a diferença, procurando dar às suas palavras um alto teor emotivo. Mas cai, então, na ênfase, mal das Academias de Direito nacionais.

A verdade é que toda a produção do poeta brasileiro não só embebe-se como às vezes embebeda-se de arte e de literatura. Não surpreende, pois, que no espaço restrito deste Segundo Episódio entrem tantas citações e de vários gêneros: de personagens (Romeu, Julieta, Falstaff, Hamlet, Fausto, D. Juan, Quasímodo); de músicos (Mozart, Beethoven, Paganini); de pintores (Miguel-Angelo, Rafael, Rubens, Rembrandt); de filósofos (Demócrito, Pirron, Diógenes); e, sobretudo, de escritores, nomeados na ordem em que surgem: Petrarca, Chateaubriand, Goethe, Byron, Thomas Moore, Lamartine, Dante, George Sand, Shakespeare, Sainte-Beuve, Bocage, Chatterton. Com esta carga de erudição juvenil não é apenas o teatro que submerge, é a própria prosa que, tornando-se dissertativa, perde a elegância e a concisão poética mantidas no Primeiro Episódio.

Mas essa espessa camada literária não constitui o fundamento da peça. Por baixo dela encontramos duas questões de grande relevância tanto para o homem como para o artista. A primeira refere-se à dúvida religiosa, que se exprime claramente em algumas frases trocadas entre os dois rapazes.

Penseroso – Não: não é o filosofismo que revela Deus. A razão do homem é incerta como a chama desta lâmpada: não a excites muito, que ela se apagará.
Macário – Só restam dois caminhos àquele que não crê nas utopias do filósofo. O dogmatismo e o ceticismo.
Penseroso – Eu creio porque creio. Sinto e não raciocino.
Macário – [...] às vezes creio, espero: ajoelho-me banhado em pranto, e oro; outras vezes não creio e sinto o mundo objetivo vazio como um túmulo.

Eles pendem para lados diferentes, para a crença ou para a descrença, como que por opção, mas possuem em comum a dificuldade de unir sentimento e razão, religião e filosofia, em torno de uma mesma certeza absoluta.

O outro problema é o do suicídio, que Albert Camus considerou o primeiro entre todos para o homem: a vida vale ou não vale a pena de ser vivida? Pode parecer que ao abordá-lo ainda não nos afastamos da literatura, tendo em vista o exemplo dado por Werther, na novela de Goethe, e por Chatterton, poeta inglês que se matou aos dezoito anos no século XVIII e que Alfred Vigny reviveu no palco em pleno romantismo. Isso sem contar que Álvares de Azevedo interpretava a existência crapulosa de Bocage como uma espécie de suicídio moral imposto ao poeta pela sociedade.

Mas a questão afigura-se menos remota, de âmbito menos exclusivamente literário, se acrescentarmos que um colega de Álvares de Azevedo na Academia de Direito, Feliciano Coelho Duarte, suicidou-se em 1849 e que o autor de *Macário* discursou no seu enterro, em termos que evocam, como notou Raimundo Magalhães Junior, o "ser ou não ser" do monólogo famoso do *Hamlet*[11]. Vida romântica e ficção romântica não andavam nunca muito distanciadas.

11. R. Magalhães Junior, *Poesia e Vida de Álvares de Azevedo*. Edi-

De qualquer modo, a preocupação com a morte iminente é mais um traço que aproxima um amigo do outro. Quando se encontram pela primeira vez é Macário que manifesta esse desejo ou essa apreensão: "Vou morrer". "Eu to juro pela alma de minha mãe, vou morrer". Mas no fim é Penseroso quem se envenena, num desfecho que mais abre do que fecha a nossa perplexidade. Afinal, ele é o crente, em religião, e o otimista, quanto à literatura, acreditando que a poesia marcada pelo desespero vai de encontro ao "rodar do carro do século" – ou seja, do progressista século XIX. No entanto, é ele que se suicida. Alega, é certo, uma razão poderosa para isso: a sua noiva, a Italiana, não o ama. Mas, curiosamente, não é o que ela afirma, de modo categórico: "Por quem se espera no altar? É por mim? Não, Penseroso, é pela vontade do teu pai... Não te dei minha alma, assim como te darei meu corpo?" A conclusão, se há alguma, é que Álvares de Azevedo achou conveniente que no decorrer da peça alguém morresse e delegou essa função a Penseroso. Não se deve, frente a peças livres como esta, escrita ao correr do pensamento, exigir mais lógica do que aquela desejada pelo autor.

A partida de Penseroso enseja a última entrada de Satã, para concluir a peça. Nesse sentido, a substituição do par Macário-Satã, do Primeiro Episódio, pelo par Macário-Penseroso, dominante no Segundo Episódio, se oferece vantagens evidentes para a discussão poética, representa retardamento em relação ao andamento do enredo, que tem na figura do diabo a sua mola propulsora. Ele e Macário já haviam se defrontado por algumas vezes neste episódio, porém mais ocasionalmente. A conversa entre os dois adquire, aliás, um tom algo dúbio do ponto de vista sexual, já que o mais velho, Satã, protege o mais novo com o carinho que se costuma dispensar unicamente à criança ou à mulher.

Agora, para encerrar o espetáculo, Satã retoma o seu papel de mentor de Macário, reivindicando os seus direitos

---

tora das Américas, São Paulo, 1962, pp. 158-168. O autor supõe que Feliciano Coelho Duarte seja o modelo de Penseroso.

sobre ele: "Abrir a alma ao desespero é dá-la a Satã. Tu és meu. Marquei-te na fronte com o meu dedo". O trabalho de desconstrução moral do poeta irá continuar, pelo acesso ao vício, ao interdito, cujo símbolo maior é a orgia, o desregramento do corpo e do espírito. Os dois caminham para lá. Mas não chegarão a entrar "na sala fumacenta", onde "estão sentados cinco homens ébrios". Ficam espiando através da janela. A fala conclusiva cabe a Macário: "Cala-te. Ouçamos". Nada terminou, portanto, o suposto fim é de fato um começo.

4

As coisas estavam neste pé, como as deixou o autor, quando Antonio Candido, em estudo já mencionado, defendeu uma hipótese, "talvez audaciosa": *Noite na Taverna* seria a continuação pura e simples de *Macário*[12]. Passaríamos, entre uma e outra obra, do lado de fora da taverna, onde permanecem Macário e Satã, para o lado de dentro, em que "os cinco homens ébrios" começam a falar. Não vamos repetir aqui o raciocínio do crítico, bem fundamentado. Basta dizer que, em nossa opinião, trata-se de um desses achados interpretativos que, uma vez feitos, parecem óbvios.

A matéria literária de *Noite na Taverna*, desenvolvida sob a forma de monólogos – ou confissões – que às vezes se cruzam, não cabe no capítulo do fantástico, conforme a classificação de Todorov, por não sair do natural para o sobrenatural. As aventuras pessoais narradas permanecem na categoria do estranho ou do insólito (o que não sói acontecer, na velha e bela frase portuguesa), tendo este caráter menos pelos incidentes tomados um a um do que por seu acúmulo na vida de uma mesma pessoa, como se, cometido por esta o primeiro delito, rompido o que chamaríamos abusivamente de contrato social, os outros se seguissem neces-

---

12. Antonio Candido, *op. cit.*, pp. IX-XII.

sariamente. Ou como se cada participante desta orgia verbal só encontrasse prazer na transgressão de alguma lei ou princípio moral.

Nesses verdadeiros exercícios de libertinagem, nesses relatos de abusos e de traições à boa fé alheia, a sexualidade, não sendo agente exclusivo, atua como força preponderante. O que nos traz à memória uma proposição de Todorov, tirada da sua longa convivência com o fantástico:

> O desejo, como tentação sensual, encontra a sua encarnação em algumas figuras mais freqüentes do mundo sobrenatural, em particular na do diabo. Pode-se dizer, simplificando, que o diabo não é senão uma palavra para designar a *libido*[13].

Analisada sob essa luz, diríamos que *Macário*, se dispensarmos o lado improvisador e fragmentário, próprio antes do poema dramático que da peça de teatro, apóia-se estruturalmente sobre os seus dois antagonistas (se é possível denominá-los assim). Penseroso coloca o problema do suicídio e permite que Macário discuta a validade da poesia julgada doentia, enquanto Satã, personagem capital, presente na primeira e na última cena da peça, após submetê-lo à prova do pesadelo, abre para o jovem poeta a porta da sexualidade, da sexualidade nua e crua, sem peias, fazendo-o ingressar naquele território distante, defeso, mas habitado, na vida e na literatura, por poetas queridos, como Bocage e Byron.

Macário – ou da crença e da descrença. Uma personagem de Dostoievski, alguns anos depois, concluiría que se Deus não existe tudo é permitido. Talvez fosse esse o demônio que estava atormentando os vinte anos de Álvares de Azevedo (e de Macário).

---

13. T. Todorov, *op. cit.*, pp. 136-137.

5. O DRAMA HISTÓRICO NACIONAL: AGRÁRIO DE MENEZES, JOSÉ DE ALENCAR, PAULO EIRÓ, CASTRO ALVES

Independência ou morte!

D. Pedro I

1

O drama histórico brasileiro, entendido como peça de conteúdo nitidamente nacional, referente ao Brasil como estado soberano e totalidade política, só tardiamente se organizou, depois de ter-se livrado dos resíduos clássicos e da contigüidade com o onipresente e onipotente melodrama. O classicismo teatral, encarnado pela tragédia de cinco atos e em verso, foi um obstáculo duro de contornar, visto que o pré-romantismo, preparador da reforma que viria, não existiu em terras americanas. Essa tarefa, de transição da tragédia para o drama, foi desempenhada bem ou mal por

Gonçalves de Magalhães entre 1835 e 1840. Com Burgain e Martins Pena, a seguir, vieram as tentativas de concorrer, em habilidade técnica, em domínio da carpintaria teatral, com o melodrama, que, importado de Paris, atulhava os palcos brasileiros. Já *Leonor de Mendonça*, de Gonçalves Dias, *Macário*, de Álvares de Azevedo, são peças isoladas, um tanto alheias à realidade teatral brasileira, podendo ser filiadas, respectivamente, ao romantismo lírico e ao romantismo fantástico europeus. Tendem ao universal, não dizendo respeito primordialmente ao Brasil, inclusive por se passarem em Portugal, a primeira, e na Itália, ao menos em parte, a segunda. A verdade é que estava por ser descoberta a fórmula do drama propriamente nacional, um dos objetivos declarados da estética romântica.

Certas experiências indianistas não tinham frutificado no teatro, como acontecera na poesia de Gonçalves Dias e em romances de José de Alencar. O palco, com a sua realidade patente aos olhos e aos ouvidos, com as suas personagens de carne e osso, não se prestava a aquela idealização sem a qual não se compreendia bem o herói indígena, que, entre nós, tinha de fazer as vezes de cavaleiro medieval, justo, primitivo e forte.

Para que o drama histórico emergisse faltava, de fato, o principal: uma história do Brasil devidamente trabalhada pela imaginação, pronta para ser transposta ao palco. O único grande fato histórico conhecido por todos era o da Independência. Mas, sem contar que D. Pedro I fora obrigado a abdicar, perdendo o seu estatuto de herói nacional, a proximidade do fato dificultava que fosse tratado sob a perspectiva histórica. José de Alencar, a propósito de *O Jesuíta*, concebido em 1861 para comemorar a data da Independência, acenou para as dificuldades enfrentadas pela dramaturgia histórica:

> A primeira dificuldade era o assunto. Destinado a solenizar a grande festa patriótica do Brasil, devia o drama inspirar-se nos entusiasmos do povo pela glória de sua terra natal. Na impossibilidade de comemorar o próprio fato da independência, que, por sua data recente, escapa à musa

épica, era preciso escolher em nossa história nacional algum episódio que se prestasse ao intuito[1].

Não admira, pois, que duas das primeiras peças históricas brasileiras devam-se a autores cujos renomes são mais de historiadores que de ficcionistas: *Amador Bueno ou A Fidelidade Paulistana,* escrita por Joaquim Norberto de Sousa e Silva em 1843, e *Amador Bueno*, publicada por Francisco Adolfo Varnhagen em 1847. Ambas versam por coincidência o mesmo episódio, que, se verdadeiro, atestaria menos a intenção de tornar o Brasil independente do que o seu empenho em permanecer fiel ao trono português. O fato histórico, sujeito a dúvida, é o seguinte: Amador Bueno da Ribeira, em 1642, por ocasião da secessão de Portugal da Espanha, teria recusado o título de rei que lhe fora oferecido por habitantes da cidade de São Paulo. Tratar-se-ia, sem dúvida, de um gesto cavalheiresco, dentro do esquema vassalo-senhor, porém sem maiores conotações ou repercussões nacionalistas.

Dadas essas premissas, históricas algumas, estéticas outras, é possível destacar, como autênticos dramas românticos nacionais, quatro peças escritas nos anos que decorrem entre 1856 e 1868: *Calabar*, de Agrário de Menezes; *O Jesuíta*, de José de Alencar; *Sangue Limpo*, de Paulo Eiró; e *Gonzaga ou A Revolução de Minas*, de Castro Alves.

Não existem entre elas, é verdade, nenhum vínculo cênico ou literário imediato. Foram representadas, quando o foram, com exceção de *O Jesuíta*, por companhias amadoras ou semiprofissionais, fora do centro teatral, que era o Rio de Janeiro. Não exerceram, portanto, ao que se presume, quaisquer influências umas sobre as outras. Mas buscam, as quatro, dizer alguma coisa sobre o Brasil, enquanto nação ou enquanto nacionalidade nascente, tendo como pano de fundo, distante ou próximo, o fato da Independência. Inscrevem-se desse modo, ainda que com con-

---

1. José de Alencar, *Teatro Completo*, I, Serviço Nacional de Teatro, Rio de Janeiro, 1977, p. 267.

siderável atraso, na linhagem do romantismo social, desabrochado depois de 1830[2].

Formalmente, projetos semelhantes dão-lhes contornos parecidos. O quadro ficcional é sempre amplo no espaço, no tempo e no número de participantes, não se excluindo, entres estes, nem mesmo a presença ocasional do povo. O par amoroso, formado por uma moça e um rapaz solteiros, participa ativamente do enredo, mas sem por isso ocupar o centro das atenções, dedicadas agora ao ângulo político. Enfim, traço característico, o enredo entrelaça realidade e ficção, personagens imaginárias e figuras de comprovada existência histórica. E se os autores interrogam o passado, é antes de mais nada para esclarecer o presente e projetar o futuro do Brasil.

2

Agrário de Menezes (1834-1863) escreveu *Calabar* aos 22 anos, "quase de afogadilho"[3], remetendo-o ao concurso aberto pelo Conservatório Dramático do Rio de Janeiro em 1856. Demorando a sair o resultado, retirou o seu drama no ano seguinte, editando-o em Salvador. Mas, apesar de sua juventude, não era esta a sua primeira peça. Nascido na Bahia, formado em Olinda pela Faculdade de Direito, desde cedo começou a versejar e a publicar artigos na imprensa, com a precocidade que se esperava dos autores românticos. Até já publicara, ainda nos tempos acadêmicos, um drama em cinco atos, *Matilde*, "mal sazonado ensaio" na opinião de um crítico da época[4]. Ao morrer, repentinamente, durante um espetáculo, com menos de trinta anos, era o administrador do Teatro São João, o principal de Salvador, além de exercer militância política no Partido Libe-

---

2. Cf. R. Picard, *Le Romantisme Social*. Bentrano's, New York, 1944.
3. A. Menezes, *Calabar*. Tipografia e Livraria de E. Pedrosa, Bahia, 1858, p. XVII. As citações da peça virão desta fonte.
4. *Op. cit.*, p. 128.

ral. Deixou dramas e comédias, inéditas ou conhecidas através de referências, tudo indicando que se tivesse tido mais tempo faria boa carreira teatral.

A "Carta Dirigida ao Secretário do Conservatório do Rio de Janeiro", que serve de prefácio à peça, explica a posição do autor, quer perante o teatro em geral, quer perante o seu texto. A matéria dramática de *Calabar* – escreve ele – "escolhi-a nacional e histórica", em obediência à proposta do Conservatório mas também de acordo com os seus próprios princípios estéticos. O teatro, segundo ele, modifica-se de época para época e de nação para nação, revelando-se "tanto mais fecundo quanto mais original, tanto mais vigoroso quanto mais nacional". O drama "dirige-se à inteligência em ordem a instruir, e dirige-se ao coração em ordem a moralizar". Tem por objetivo "a universalidade dos povos, porém depois de ter instruído e moralizado o corpo de sua nação". "Esta, devemos reconhecer, é uma das grandes idéias da escola moderna" – ou seja, do romantismo, embora o chamado realismo já despontasse nos palcos da França. O erro de Corneille e de Racine, como dos tragediógrafos clássicos do século XVIII, teria sido o de ocuparem-se com Édipo e Agamenon, não com heróis nacionais franceses.

Quanto à relação entre história e teatro, nunca é de estreita fidelidade: "não há poesia lírica, épica ou dramática, sem a intervenção toda poderosa de uma faculdade, que não tem papel a representar na história, e que se chama imaginação". Deve-se apenas ter cuidado para que não haja abuso dessa liberdade poética, evitando-se as "aberrações monstruosas de Alexandre Dumas e de [Victor] Hugo". "Em tudo e por tudo o *juste milieu* é o partido mais conveniente às operações do espírito. Eu, liberal em política, liberal em literatura, distingo naquela as utopias dos demagogos, e, nesta, o que poderíamos chamar – devaneios ultra-românticos."

Essa posição prudente, conciliadora, pendendo para o romantismo mas saudosa do bom senso clássico, foi possivelmente o que induziu Agrário de Menezes a compor *Calabar* não apenas em cinco atos mas também em decassílabos brancos, a medida clássica que Gonçalves de Magalhães herdara de Portugal. Ele alega, para justificar a sua escolha, várias razões, de valor muito desigual. A mais ingênua seria de que o verso estaria sendo abandonado por ser "mais difícil que a prosa". "Nem outra é a razão, porque tanto se afanam em barrá-lo da literatura, sob o pretexto de reformações liberais." Toda a evolução literária que se verificou a favor da prosa com o surgimento dos gêneros burgueses, o romance e o drama, é atribuída assim à indolência dos escritores e ao triunfo da lei do menor esforço.

Mais perto do cerne da questão está outro argumento seu, dizendo preferir o verso "porque entendo que com a metrificação não se prejudica o pensamento, e antes mais se desenvolve, uma vez que o poeta sirva-se dele, não invertendo a ordem natural e lógica das coisas para se escravizar à forma em dano palmar da matéria". A metrificação, conforme esse modo de ver, funcionaria perfeitamente desde que não obrigasse a inversões sintáticas destituídas de naturalidade.

O que o verso faz na realidade – e vêem-se exemplos disso no próprio *Calabar* – é organizar o discurso em períodos bem mais longos, com várias cláusulas intercaladas, disciplinando a oralidade teatral tanto na criação do autor quanto na dicção do intérprete, conferindo-lhes por vezes, nas tiradas mais longas, uma certa monotonia rítmica[5]. Dir-se-ia, em tais casos, que o diálogo dissolve-se em monólogos sucessivos. A prosa, ao contrário, mais solta, mais livre, amoldava-se admiravelmente ao constante variar métrico da fala de todos os dias, favorecendo a aproximação entre o palco e os novos costumes sociais do século XIX, menos aristocráticos e formais. A escolha do verso efetuada por Agrário de Menezes resultou provavelmente de sua intenção de dar às personagens, sobretudo ao protagonista, um timbre de nobreza já próximo do trágico.

---

5. Álvares de Azevedo, no prólogo de "Boêmios", "comédia não escrita", faz uma brincadeira a esse propósito: "É uma peça clássica. O perigo / Que pode ter lugar é vir o sono".

A luta contra os holandeses, travada no Nordeste do Brasil no século XVII, ficou gravada na memória nacional como um dos primeiros movimentos nativistas brasileiros, congregando portugueses, negros e indígenas em torno de chefes como João Fernandes Vieira, Henrique Dias e Felipe Camarão. Seria o Brasil, enquanto mistura de raças, que começava a caminhar com os próprios pés. Esses três nomes são citados de passagem na obra de Agrário de Menezes.

Mas o seu herói, ou anti-herói, é Domingos Fernandes Calabar, cujo sobrenome, tornando-se emblemático da traição, acabou por desaparecer das genealogias nacionais. A sua fama, ou a sua infâmia, deve-se a ter ele passado para o lado dos holandeses, em 1632, após haver lutado contra eles valentemente. O motivo da deserção, para muitos historiadores, seria a sua condição de mulato, adverso, portanto, em princípio, aos portugueses. Alguns estudiosos, no entanto, acham que ele se bandeou porque, na expressão de Agrário de Menezes, "devia à Justiça". A essas duas razões, a peça acrescenta outra, puramente ficcional e preponderante no enredo: o ciúme. A sua paixão desvairada por uma "brasileira", descendente de indígenas, Argentina[6], leva-o a passar para o campo inimigo e a violentá-la, ao descobrir que ela ama Faro, um oficial português.

O enredo joga todas as suas cartas sobre a personalidade desequilibrada e romântica de Calabar, entre trágica e melodramática, capaz de grandes feitos e de grandes crimes, desmedida no amor e na odiosidade. A cor negra ("a cor do meu destino") marca-o indelevelmente desde o nascimento:

> Astro horrendo luziu sobre o meu berço;
> E negro, como era, me imprimira
> A sua cor!... Assim nasce o mulato.

6. Qual a razão deste nome, tão inesperado numa indígena? Seria uma referência indireta à luz argêntea da lua, que figura com destaque em algumas de suas cenas? Haveria reminiscência da "Casta Diva" (a lua), *che inargenti*, da *Norma*, de Bellini, ópera que fazia furor no Brasil?

Ele mesmo, pela força dos instintos e dos sentimentos, compara-se ao "leão das selvas", julga-se "mais indomável do que o tigre", imagens de animais selvagens inspiradas talvez pela impressão deixada pelo Otelo shakespeariano (escreveu João Caetano sobre a sua interpretação do papel: "entendi que este grande vulto trágico quando falava devia trazer à idéia do espectador o rugido do leão africano")[7].

Por outro lado, a solidão, a marginalidade social predispõem-no a equiparar portugueses e holandeses ("Senhores ambos, ambos tiranos") e a repudiar até mesmo as noções morais que engendraram essas distinções:

A glória e a pátria – fúteis subterfúgios! –
São palavras vazias de sentido,
Que morrem como os sons que as acompanham.

A fúria destruidora que mora nele vai ainda mais longe. Argentina fora-lhe confiada, como filha, desde que o pai dela, Jaguarari, chefe indígena, havia sido dado como morto em combate. O estupro, nessas condições, assume feições quase de incesto, e como tal é visto pela moça, que passa a oscilar desde então entre a lucidez e a loucura. Calabar, para ela, a partir desse momento, assemelha-se ao diabo, aparecendo-lhe como o "gênio satânico das trevas".

Contudo, ele não é um vilão de melodrama, antes um homem conflituado consigo mesmo e conflituoso com os outros, alguém cindido interiormente entre o Bem e o Mal, os dois claramente expostos. Preso, condenado à execração e à execução pública, arrepende-se, retoma a religião católica, recebe o perdão das pessoas a quem mais mal fizera, Argentina e Jaguarari. Em suma, Calabar é um herói romântico, pela efusão e confusão de sentimentos, digno, portanto, de encabeçar e dar título a um drama histórico.

Anteriormente, no ponto culminante do enredo, durante o Quarto Ato, dera-se a passagem da vitória à derrota, tanto para ele como para os holandeses. Esse momento, em que

---

7. J. C. Santos, *Lições Dramáticas*. Serviço Nacional de Teatro, Rio de Janeiro, 1962, p. 26.

a Divina Providência substitui o destino (nomeado mais de uma vez), e tão fundamental para a ideologia da peça que Faro não se acanha de conclamar Deus para a luta:

> São homens que se batem... Esta hora
> Foi marcada por Deus para os conflitos.

E Argentina, ouvindo uma "grande descarga" de artilharia, não se contém e invoca a própria fúria dos elementos naturais diante do crime:

> Estourou a tempestade!...
> Relâmpagos! trovões! a terra treme!

E reconhece afinal o Poder de Deus:

> Oh! meu Deus, quanto sois justo!

No que diz respeito a Calabar, o seu derradeiro pensamento, em face da morte, volta-se para o dia em que o Brasil for livre:

> Pátria! Pátria! conquista a liberdade!...

A cor negra revela-se, desse modo, como nacionalismo nascente, antecipação de 1822. O mulato é brasileiro, como o é a indígena Argentina, porque eles não podem de forma alguma ser portugueses. Nesse sentido, constituem a raiz do Brasil enquanto nacionalidade – é o que parece dizer a peça.

Calabar, como feitura dramática, possui boas qualidades medianas, o que no Brasil já significava muito. Agrário de Menezes não era nenhum gênio, como talvez o fossem alguns dos seus contemporâneos. Mas, homem de teatro, acima de tudo, sabia armar uma trama que se desenvolve e se desloca no tempo e no espaço durante toda a representação, conforme o modelo do drama histórico. Há surpresas para o público, como o ressurgimento de Faro e de Jaguarari, considerados mortos, porém sem excesso de efeitos melodramáticos. Os atos iniciam-se devagar, com cenas secundárias, personagens menores, beirando às vezes a comédia (a conversa entre os soldados portugueses no primeiro ato e entre os oficiais holandeses no segundo), ganhando ímpeto e consistência dramática à medida que se aproximam do desfecho. Mas não são quadros mais ou menos autônomos, como pode suceder no romantismo, porque o enredo é um só, enlaçando não mais do que cinco ou seis pessoas. Os restantes compõem a moldura que, à maneira generosa e grandiloqüente do drama histórico, inclui, no último plano, "soldados, tribos, um carrasco, oficiais de execução etc. etc." Pensava-se no texto, neste gênero de peça, mas também no espetáculo, ambos, se possível, de largo alcance. Quanto aos versos, em drama de meados do século já resquício clássico, os de Agrário de Menezes, em *Calabar,* são fáceis de dizer, qualidade sempre apreciável no palco.

3

Quando José de Alencar (1829-1877) escreveu *O Jesuíta,* em 1861, já havia tido encenadas no Rio de Janeiro várias peças passíveis de serem catalogadas entre as do chamado teatro realista. As mudanças, em relação ao romantismo, tinham sido significativas: como tempo dramático, o presente; como diálogo, a fala de todos os dias; como herói, o homem comum; como classe, a burguesia; como técnica, enredos simples, fins de ato tranqüilos, ausência de monólogos e apartes; como temas, o casamento, o dinheiro, o adultério e a alta prostituição, encarados, estes últimos, enquanto ameaças à paz familiar[8]. Mas, convidado por João Caetano, que, aliás, não honrou o convite, para criar um texto que celebrasse, no dia 7 de Setembro, a data da Independência, o escritor esqueceu os pruridos realistas, o modelo moderno oferecido por Alexandre Dumas Filho,

8. Cf. João Roberto Faria, *O Teatro Realista no Brasil: 1855-1865,* Perspectiva, São Paulo, 1993.

voltando-se, certamente com alegria, para os velhos figurinos românticos, para as novelas que o tinham encantado na juventude e através das quais penetrara no território sagrado da literatura. A ocasião, de júbilo nacional, seria para entusiasmos cívicos, expansões emocionais, não para cálculos morais de âmbito restrito e efeito imediato. Se a perspectiva realista, ou assim denominada na época, restringia o foco teatral, cingindo-o à família burguesa, antes, nesses momentos comemorativos, o sonhar em grande escala era proporcionado pela livre imaginação romântica.

O Jesuíta, por sua natureza, lembra os dramas de Victor Hugo, um dos mestres do escritor brasileiro: de um lado, como assunto, há graves questões morais, desenvolvidas em prefácios ou comentários posteriores à representação da peça; de outro, na realidade material do palco, há personagens ardilosas que se enfrentam em enredos novelescos, nos quais alguns críticos viam, na dramaturgia do autor francês, a influência indireta de Alexandre Dumas – o pai, naturalmente, a quem faltava a circunspecção burguesa que sobrava ao filho.

José de Alencar considerara e descartara mais de um episódio colonial, como o de Amador Bueno e o da guerra contra os holandeses, não enxergando neles nenhum herói à altura do 7 de Setembro de 1822. Na falta de um antecedente ilustre para o gesto emancipador de D. Pedro I, resolveu inventar um, inteiramente saído da sua fértil e rica cerebração. Essa personagem, na aparência, é o Dr. Samuel, um generoso médico italiano de 75 anos que, rodeado de pobres, clinicava no Rio de Janeiro em 1759. Em verdade, sem que ninguém o saiba, nem os seus companheiros de religião, ele, além de brasileiro de nascença, é o Vigário-Geral da Companhia de Jesus no Brasil. Trabalhando há anos em surdina, reunira à sua volta milhares de ciganos e de indígenas aculturados, todos prontos a executar as suas ordens, sejam elas até mesmo de homicídio de pessoas inocentes. Os fins justificam os meios, de acordo com a moral maquiavélica que teria sido adotada pelos jesuítas. Mas o objetivo, neste caso em especial, não poderia ser mais nobre: libertar o Brasil do domínio português, descortinando para os povos desprezados pela Europa a possibilidade de serem acolhidos por uma nação jovem, onde vivessem e prosperassem em paz. A natureza do Brasil não fora feita para abrigar servidões:

> *Samuel* – [...] (*Pausa, arrebatado pela inspiração*). Antigas e decrépitas monarquias da velha Europa!... Um dia compreendereis que Deus quando semeou com profusão nas entranhas desta terra o ouro e o diamante, foi porque reservou este solo para ser calcado por um povo livre e inteligente!...[9]

Alencar, ao imaginar o seu protagonista, passara do terreno histórico para o mítico. O seu ponto de partida na história estava na existência no sul do Brasil das Missões, que se regiam quase com independência. Daí ao plano do Dr. Samuel vai apenas um passo, que a fantasia poética autoriza a dar. A parte mítica, de mitologia moderna e corrente, refere-se a essas atividades jesuíticas, entendidas como parte de uma vastíssima conspiração que visava nada menos do que governar todo o universo. Essa idéia, que já valera no século XVIII a expulsão da Companhia de Portugal e do Brasil – e é este fato que Alencar encena em seu drama – ganhara novo impulso graças à revolução liberal vitoriosa na França em 1830. O antijesuitismo surge com enorme destaque, por exemplo, no lidíssimo *O Judeu Errante*, romance publicado por Eugène Sue, em folhetim, nos anos de 1843 e 1844. *O Jesuíta* aproveita este molde conspiratório, tão sedutor ao espírito popular por lidar com forças secretas e poderosas, virando-o, contudo, pelo avesso. Há conspiração, sim, mas para o bem do Brasil. Não se trata, aliás, como o Dr. Samuel deixa claro, de sedição, mas de uma verdadeira revolução, pelo seu conteúdo social e libertário.

E por que ela não deu certo? Entra aqui outra vez a história: porque, nesse exato ano de 1759, o Marquês de

---

9. José Alencar, *Teatro Completo, vol. II*. Serviço Nacional do Teatro, Rio de Janeiro, 1977, p. 455. Todas as citações da peça virão desta fonte.

Pombal decreta a expulsão dos jesuítas, não dando tempo para o Dr. Samuel completar o seu projeto. A peça opõe, assim, bem no centro do enredo, duas personalidades: o jesuíta do título, representando os interesses da América, e o Conde de Bobadela, exprimindo a Europa, ao cumprir ordens recebidas de Portugal, como Governador do Rio de Janeiro que é.

Mas só isso não dava um bom enredo teatral, como Alencar gostava de fazer. Era preciso desenrolar a trama em vários níveis, dos mais complexos aos mais simples, dos mais amplos socialmente aos mais individuais, todos devidamente soldados entre si por diferentes pontos de reforço. As suas peças tinham de ser ao mesmo tempo unas e diversificadas. Ele comentou que "há dois métodos de exposição cênica": "o da concentração", próprio do teatro grego e do classicismo, e "o shakespeariano", no qual "há personagens alheios ao drama, e que representam a época, o país, o centro, enfim, do fato posto em cena". E conclui: "Ora *O Jesuíta* saiu tão felizmente urdido no seu contexto que as mesmas figuras secundárias são indispensáveis; cada um tem em si um fio da ação"[10].

Voltamos desse modo ao entrecho de palco. O Conde de Bobadela tem uma filha natural, Constança, que ele protege. O Dr. Samuel, por seu lado, criou como filho Estevão, de pais desconhecidos, pretendendo que o rapaz professe na Companhia de Jesus e continue a sua gigantesca obra revolucionária. Acontece, no entanto, que os dois jovens se amam e querem casar. A rivalidade dos mais velhos recai sobre os mais novos, originando sucessivos impasses. Um dos dois adversários, ou o português ou o brasileiro, terá de ceder. Sucedem-se em conseqüência os lances novelescos – ameaças de morte, moça raptada e adormecida com narcótico, portas falsas através das quais alguém entra ou sai inesperadamente, cartas cifradas desvendadas em cena –, sempre num clima de mistério que aos poucos vai clareando

---

10. José de Alencar, *Teatro Completo, vol. I*. Serviço Nacional do Teatro, Rio de Janeiro, 1977, p. 275.

155

para os espectadores. Por fim, o jesuíta percebe, na própria carne, sendo obrigado a escolher entre o filho e a revolução, que ele não tem o direito de manipular vontades alheias, chamando a si uma função determinadora que compete somente a Deus. O coração triunfa nele sobre a inteligência, o pai sobrepõe-se ao revolucionário. O Dr. Samuel, caindo em si, perde a arrogância que lhe dá o poder espiritual, permitindo que tudo acabe bem, como se fosse uma comédia. Mas, no quadro final, antes de desaparecer por mais um truque cênico, ele empraza o Conde de Bobadela para daí a cem anos, ou seja, para a data aproximada em que a peça subiria à cena. Eis esse derradeiro desafio:

Samuel – Conde de Bobadela, Governador do Rei de Portugal, eu te emprazo para daqui a um século. A luz possante de um povo saudando a sua liberdade, a tua sombra se erguerá do túmulo para admirar este império que a Providência reserva a altos destinos. [...] Oh! Deus me ilumina!... Eu vejo!... Além... no futuro... ei-lo!... Brasil!... Minha pátria!...

O otimismo nacional, que talvez surpreenda hoje, não deixava de ter justificativas em 1861. Em quatro décadas de independência, a nação se pacificara, entrando em fase de crescimento, principalmente se vista através do Rio de Janeiro, o espelho em que o Brasil literário se contemplava com maior prazer, por ser o que mais o favorecia e também porque os outros ficavam distantes no espaço e no tempo, numa era de comunicações difíceis.

Mas é preciso logo acrescentar, em complemento, que o orgulho nativista do escritor alimentava-se igualmente com a exuberância da natureza tropical. Alencar nunca escondeu essa preferência, antes pelo contrário. Em *O Jesuíta* é o protagonista e *raisonneur* da peça que exprime tal sentimento, ao que parece profundo e íntimo tanto para a personagem como para o seu autor:

Samuel – [...] Nasci no seio desta terra virgem, que me nutriu como mãe; o meu berço embalou-se ao sopro das brisas americanas; os meus olhos abriram-se para contemplar este céu puro e azul. Não sei que perfume de liberdade respiram as florestas destes campos; que luz solene tem o eco destas florestas; que sentimentos de independência excita a grandeza deste continente e a amplidão do oceano que o cinge!...

O Brasil do século XIX, antes mesmo de proclamá-lo oficialmente, já se sentia "gigante pela própria natureza".

Alencar não esqueceu, ao traçar o seu quadro, do pitoresco, o colorido que dá vivacidade à tela. Os indígenas e os ciganos corporificam-se, adquirem realidade cênica, por intermédio de figuras como Garcia, o índio agauchado que chega das Missões, e como Daniel, que serve o Dr. Samuel com fidelidade canina, ao passo que D. Juan de Alcalá, espanhol de palco como tantos outros, dispostos a puxar da espada ou a confraternizar alegremente, completa o desenho, acrescentando-lhe uma nota ligeiramente cômica, que não destoa num drama histórico. "São" – como disse Alencar – "pontos de repouso que preparam o espectador para as comoções". E ele mesmo assinala como costurou habilmente por dentro o seu enredo, destinando missões dramáticas específicas a cada personagem secundária:

> Sem D. Juan de Alcalá a notícia da expulsão da Companhia, o fato capital, não chegaria ao Rio de Janeiro; e sem José Basílio, que retém o espanhol, essa notícia em vez de ficar com o Dr. Samuel iria ter ao Conde de Bobadela. Daniel, o cigano, além de representar um dos elementos da obra revolucionária do precursor, é quem rapta Constança e a leva ao convento. Garcia, o paraguaio, símbolo da raça indígena, outro elemento de revolução, é a mão implacável de Samuel que ameaça a vida da inocente donzela e suspende a catástrofe[11].

Há na peça, como se vê pelo resumo feito pelo autor, uma novidade pelo menos curiosa: a presença, entre os jesuítas, de José Basílio da Gama, o futuro autor do *Uraguay*, que em 1759 estava por volta dos seus dezoito anos. Não nos parece que a sua intervenção cênica, em oposição ao que disseram na ocasião alguns críticos, seja descabida ou gratuita. Ao contrário, pode-se até pensar que a idéia primeira do drama nasceu da leitura do poema, que versa pre-

---

11. José de Alencar, *Teatro Completo, vol. I*, Serviço Nacional do Teatro, Rio de Janeiro, 1977, p. 275.

cisamente os combates travados entre os índios das Missões, dirigidos material e espiritualmente pelos jesuítas, e os portugueses, comandados por Gomes Freire de Andrade, que receberia, em virtude de sua atuação no sul, o título de Conde de Bobadela, com que aparece na peça[12]. Mas, se não aceitarmos tal hipótese, cabível por explicitar a base histórica de *O Jesuíta*, ainda assim restaria o espaço ocupado por Basílio da Gama na economia da peça, desempenhando três funções. É o poeta que começa a exercitar a sua musa na esperança de torná-la um dia grande, é o rapaz brincalhão que finge fazer a corte a Inês, caseira do Dr. Samuel, e é o amigo de Estevão, o confidente de seus amores com Constança. Uma simples silhueta, certo, mas que, interpretada por um bom ator, teria a sua graça.

O que realmente se estranha, e muito em se referindo ao Brasil, é a ausência do negro entre os deserdados da Europa que a América acolheria, segundo o plano mirabolante e rocambolesco do Dr. Samuel. Alencar não ignorou o problema do preto (ou do mulato), tratando-o expressamente numa comédia, *O Demônio Familiar*, e num drama, *Mãe*. Por que, então, esta omissão? Seria o caso de um gravíssimo preconceito de cor, injustificável por si mesmo e mais ainda face ao papel representado pela cultura africana na formação nacional? Julgaria o escritor que o negro, ao contrário do índio e do cigano, já estava integrado à sociedade brasileira, embora através de uma instituição tão odiosa quanto a escravidão? Pareceria ao público demasiado

---

12. Serviriam de epígrafe a *O Jesuíta* os seguintes versos de O *Uraguay*, endereçados por Gomes Freire de Andrade aos indígenas amotinados:
"Assim manda o rei. Vós sois rebeldes,
Se não obedeceis; mas os rebeldes
Eu sei que não são vós – são os bons padres
Que vos dizem a todos que sois livres,
E se servem de vós como de escravos.
(Canto II)
Só que Alencar teria invertido, em tal caso, o sentido antijesuítico do poema, fazendo o Dr. Samuel arrepender-se do domínio que vinha exercendo sobre os homens, ressalvando somente o caráter nacional do seu Projeto.

ameaçadora uma revolução que comportasse também escravos, conferindo ao texto um peso social e uma veracidade histórica que ele não desejava ter?

Seja como for, tal omissão, incompreensível provavelmente poucos anos depois, quando a campanha abolicionista já se pusera em marcha, diz alguma coisa a propósito da natureza intrínseca de *O Jesuíta*, salientando o seu caráter abstrato, como que simbólico. É sobre a liberdade das nações que se fala em cena, como é sobre a relação do homem com os outros homens e com Deus. Mas esses altos conceitos descem à terra, baixam sobre o palco, entrelaçados num enredo que, por seu lado fantasioso, distante da realidade social, tem o sabor dos devaneios juvenis, nos quais tudo, ou quase tudo, pode acontecer. Alencar, de resto, tinha perfeita consciência do feitio utópico do seu entrecho. Em comentários que fez, após a estréia da peça, classificou de "quimera" o projeto do Dr. Samuel, por ocorrer "quando a Independência do Brasil era um impossível"[13].

O autor de *O Jesuíta*, inteligência superior, artista consumado, nunca extinguiu de todo dentro de si o menino, o leitor fervoroso de romances populares, cheios de imprevistos e de enigmas, afinal decifrados. Para festejar a Independência, dentro da atmosfera festiva e idealizante que a data pressupunha, nada melhor do que afastar do caminho os fatos que pudessem colocar uma sombra amarga no seu sonho de um Brasil paradisíaco, tal como de fato nunca existiu. Esse Alencar jovem, romântico no sentido um tanto piegas e ingênuo que a palavra assumiu entre nós, não será todo o escritor, longe disso, mas é, seguramente, uma das primeiras e das mais genuínas entre as suas várias encarnações ficcionais.

A estréia de *O Jesuíta*, feita em 1875, com quase quinze anos de atraso, fora do prazo de sua validade estética, suscitou alguma polêmica. Alencar, magoado com a escassez de público – a peça só foi à cena duas vezes – e com

---

13. José de Alencar, *Teatro Completo, vol. I*. Serviço Nacional do Teatro, Rio de Janeiro, 1977, p. 263.

a incompreensão de determinados críticos, não apenas defendeu ardorosamente o seu texto, em quatro artigos publicados na imprensa, como partiu para o contra-ataque[14]. Atribuiu o fracasso à qualidade deficiente do espetáculo e à circunstância da peça apresentar a Companhia de Jesus sob uma luz favorável, em contraposição ao ponto de vista prevalecente naquele momento. E cita, como exemplo deste preconceito, a figura sinistra de Rodin, o jesuíta que é o vilão máximo de *O Judeu Errante*, de Eugène Sue.

As suas queixas maiores, contudo, dirigem-se ao público carioca, constituído em sua maior parte, segundo ele, por lusitanos mais interessados na dramaturgia pátria do que em originais brasileiros (e a análise do repertório de João Caetano não deixa de lhe dar razão). Quanto à elite nacional, teria os olhos fixos na França: "Na alta roda vive-se a moda de Paris, e como em Paris não se representam dramas nem comédias brasileiras, eles, *ces messieurs*, não sabem o que significa teatro nacional".

Alencar talvez estivesse certo no que alegou. Mas o motivo central da nenhuma repercussão do seu drama histórico junto ao público, residiria talvez em outro ponto, inerente ao teatro. A verdade é que a opereta francesa, com os seus enredos irreverentes, a sua comicidade paródica, a sua música saltitante, o seu desenfreado *can-can*, as suas maliciosas e elegantes cantoras, havia varrido do palco nacional peças de outros gêneros, a não ser uns poucos resistentes melodramas. João Roberto Faria, que colocou com muita propriedade *O Jesuíta* em sua perspectiva histórica, revela que, na mesma ocasião em que estreava a peça de Alencar, companhias francesas encenavam, no original, duas operetas, com as quais era perigoso competir: *Orphée aux Enfers*, de Offenbach, e *La Fille de Mme. Angot*, de Lecocq[15]. Não é difícil imaginar onde estavam *ces messieurs* naquela noite.

---

14. José de Alencar, *Teatro Completo, vol. I*. Serviço Nacional do Teatro, Rio de Janeiro, 1977, pp. 261-278.
15. Cf. João Roberto Faria, *José de Alencar e o Teatro*. Perspectiva, São Paulo, 1987, p. 154.

Os tempos eram outros, evidentemente. O que o próprio José de Alencar, usando de metáfora, resumiu numa frase: "O charlatanismo expulsou a arte do templo".

4

Paulo Eiró (1836-1871), julgado pelo critério da infelicidade, seria porventura (ou por desventura) o mais romântico dos poetas brasileiros. Não apenas foi ele infeliz na vida pessoal, tocada bem cedo pela loucura, como infeliz foi o destino de sua obra poética. Perderam-se os versos de sua jovem e breve maturidade, queimados segundo a tradição familiar por ele ou pelo pai, restando para a posteridade exclusivamente aqueles escritos entre os dezesseis e os 26 anos. Estes mesmos não tiveram muito melhor sorte: só foram editados, e não em sua totalidade, em 1940, quando ia distante o momento histórico do romantismo. Por esse motivo, quer nos parecer, pouco figura o poeta em nossa bibliografia literária, na qual deveria constar com algum destaque. Podendo ser um vulto nacional, permaneceu como um culto ou capricho paulista, que de vez em quando volta à tona, sem jamais conseguir penetrar no grande público e na grande crítica.

A sua singularidade começa pelo nome. Ele parece ter passado por várias versões – Paulo Francisco de Sales Chagas (o sobrenome paterno), Paulo Francisco de Sales, Paulo Emilio de Sales, Paulo Emilio de Sales Eiró – até chegar ao Paulo Eiró (sobrenome de um avô materno) que nos legou[16].

Os acessos de loucura, intercalados com períodos de perfeita lucidez, vieram-lhe aos vinte e poucos anos, impedindo-o de terminar o curso na Academia de Direito, no

---

16. Cf. Affonso Schmidt, *A Vida de Paulo Eiró*. Companhia Editora Nacional, São Paulo, 1946, p. 83. O volume reuniu, em apêndice, o melhor da obra poética de Paulo Eiró, numa "Coletânea inédita, organizada, prefaciada e anotada por José A. Gonçalves", que, sendo sobrinho-neto do poeta, valeu-se de originais e cópias guardadas pela família.

qual se matriculara. A princípio as crises manifestaram-se sob a forma de mania religiosa (tinha um irmão padre) e de "delírio ambulatório"[17], que o levava a fazer longas viagens, a Mariana (Minas Gerais), ao Rio de Janeiro, das quais voltava exausto e com a roupa em frangalhos.

Agravando-se o seu estado de saúde, com surtos mais freqüentes e mais violentos, teve de ser internado, por iniciativa do próprio pai, que nesse sentido endereçou às autoridades uma petição, datada de 1866. Vamos transcrevê-la, em toda sua porção central, por se tratar de um dos poucos documentos de época sobre o poeta. Ei-la, com seu pungente conteúdo humano:

> Francisco Antonio das Chagas, da Vila de Santo Amaro, com mais de oitenta anos de idade e paralítico, que vive unicamente do seu ordenado de professor aposentado de primeiras letras, e com avultada família a quem sustenta e mantém; tem um filho de trinta anos de idade, de nome Paulo Emilio, o qual há oito ou nove anos vive alienado, como é sabido nessa cidade, o qual filho tem vivido com o suplicante até hoje, ora mais ora menos atacado de alienação; agora, porém, tem se tornado tal que passa a apresentar-se em público, e até no Templo, como aconteceu ontem, dez do corrente, à hora da nossa missa conventual, proclamando ao povo reunido discursos sediciosos e irreligiosos, pelo que se faz mister impedi-lo em parte que não tenha essa liberdade; faltando porém ao suplicante os meios para isso vem suplicar a V. Exa. se digne, a bem desta família e do público, mandar recolher ao Hospital dos Alienados dessa cidade a este desgraçado, onde possa receber agasalho e curativo[18].

A reclusão durou cinco anos: o poeta morreu, de meningite, em 1871.

A loucura, no entanto, não afetou a produção literária de Paulo Eiró, enquanto ela se manteve. Não há em seus versos, pelos menos nos publicados, nada de doentio, de especialmente mórbido. Ele abordou temas caros ao romantismo e próximos do seu temperamento – a melancolia, o apelo da loucura, a morte –, porém sem desvairar, sem perder o fio lógico, e não excluindo de sua musa nem mesmo os tons humorísticos, como este:

17. *Idem, ibidem*, p. 153. A expressão é de José A. Gonçalves.
18. *Idem, ibidem*, p. 39.

> Quando c'os olhos míopes, eu sigo
> Esta vida que sempre nos ilude,
> Como a dama, ao passar um ataúde,
> Tenho ataques de nervos, meu amigo.

Para terminar este excurso poético, que a rigor não se justificaria mas que nos pareceu indispensável tratando-se de um escritor quase desconhecido, destacaremos, como amostra, dois tercetos de um soneto dedicado à morte, tendo o título significativo de "Derradeiro Voto":

> Antes, porém, Senhor, que eu volva ao nada,
> Dá-me o que a ave pede: mais um dia
> Para entoar seu cântico à alvorada.
>
> Virá talvez mais plácida a agonia
> Se eu tiver a cabeça reclinada
> No teu seio divino, oh Poesia![19]

Esperemos que assim tenha acontecido – conta a tradição que o poeta continuou eventualmente a escrever versos no Hospital dos Alienados.

Sangue Limpo, "drama original em três atos e prólogo"[20], tem, além do mérito teatral, o interesse de haver sido planejado, escrito, representado e publicado relativamente tarde na conturbada trajetória descrita por Paulo Eiró, entre 1859 e 1863, ou seja, entre os 23 e os 27 anos, ao contrário dos versos que nos ficaram, quase todos anteriores a esse período. Também na peça, como na poesia, não se percebe qualquer vestígio de insanidade, nem sequer de exaltação poética, levando-nos a crer que o seu caso seria antes de psicose que de neurose. A olhos atuais e leigos, parece que ele se encontrava ou em estado de alienação ou em plena posse do seu raciocínio.

O prefácio, datado de 1862, historia a gênese da peça:

---

19. *Idem, ibidem*, pp. 253, 247.
20. Paulo Eiró, *Sangue Limpo*. Separata da *Revista do Arquivo Municipal*, Departamento de Cultura, São Paulo, 1962. Todas as citações virão desta 2ª edição (a primeira, de 1863, é raríssima). "Drama original" significava, na época, peça não traduzida ou adaptada do estrangeiro.

Em princípios do ano de 1859, o Conservatório Dramático Paulistano, tentando pôr em prática uma idéia cheia de patriotismo, abriu um concurso literário, destinando prêmio para o melhor drama original, revestido de moralidade, que tivesse por assunto alguns dos gloriosos episódios da história de nosso país. Apesar de minha fraqueza e obscuridade propus-me a entrar na liça, satisfeito de antemão com a idéia de ser vencido por engenhos nascidos no mesmo berço.

Quanto à "moralidade", ou seja, quanto ao "pensamento capital que presidiu à confecção deste drama", ela se formula no prefácio nestes termos:

> Todos sabem de que elementos heterogêneos se compõe a população brasileira, e os riscos iminentes que pressagia essa falta de unidade. Não é somente a diferença do homem livre para o escravo; são as três raças humanas que crescem no mesmo solo, simultaneamente e quase sem se confundirem; são três colunas simbólicas que, ou hão de reunir-se, formando uma pirâmide eterna, ou tombarão esmagando os operários.

Não se poderia colocar com maior clareza o problema, quer do abolicionismo, que ainda não entrara na ordem do dia, quer da relação entre brancos, negros e indígenas.

O prefácio contém ainda uma ressalva de modéstia, aparentemente genuína:

> Bem sei que a execução não está a par da idéia; balbuciei uma língua nova para mim, e o meu entusiasmo juvenil extravazou dos moldes frios e inflexíveis do drama moderno. Julgo porém haver atingido o meu fim. Só ao gênio é dado começar pelo irrepreensível.

O "drama moderno", frio e inflexível, tal como aí retratado, só pode ser o realista. Paulo Eiró cita-o, sem demonstrar por ele a menor simpatia, numa nota apensa à errata de *Sangue Limpo*, reproduzida *fac-simile* na segunda edição. Ao substituir a frase "não é uma prostituta" por "não se vende", alega que assim procedeu para não "excitar os biocos de certos espectadores que se arrepiariam ouvindo o brutal *whorse* (*sic*, por *whore*) de Otelo, e que aplaudem todavia as Revoltas, as Lusbelas e a demais caterva realista"[21].

21. "Revolta" é o nome de guerra da personagem principal de *His-*

O sentido romântico de *Sangue Limpo* não é, portanto, acidental, anacronismo motivado pela ignorância das tendências mais recentes da dramaturgia. Para exprimir o seu ambicioso conteúdo nacional, a peça necessitava das grandes linhas, do panorama amplo desenhado pelo drama histórico.

A ação imaginada por Paulo Eiró decorre em São Paulo, nas duas semanas que antecedem o 7 de Setembro de 1822. Com a chegada de D. Pedro acirram-se os ânimos, na espera de um desenlace político que vai de fato suceder. Na praça pública defrontam-se portugueses, vindos com o príncipe, e brasileiros, habitantes da cidade. É nesse ambiente algo litigioso que Aires de Saldanha, filho de D. José, oficial português, conhece e se apaixona por Luisa, "trigueirinha" (eufemismo para mulata clara), irmã de Rafael Proença, sargento de linha que já se batera pelo Brasil nas guerras cisplatinas. Ela, no primeiro momento, tenta evitar o rapaz que a corteja: não lhe serviria como esposa e amante não quer ser. Mas Aires a persuade de seus bons propósitos e sentimentos, despertando nela uma paixão que, sendo recíproca, nada apagará. Explica o jovem português: "O que eu vos queria dizer, Luisa, é que esta aproximação de nossa existência tem alguma coisa de fatal, e que a morte é o único obstáculo à união de duas almas apaixonadas".

Vencida essa barreira, feito o entendimento afetivo entre eles, persistem os preconceitos familiares. D. José de Saldanha aceitaria até como nora uma pessoa que pouco demonstra nas feições a ascendência negra. Mas não admite o casamento de seu filho com uma descendente próxima de escravos. Rafael Proença, por seu lado, não é menos cioso de sua condição de mulato. "Dois Orgulhos" intitula-se, à maneira de Victor Hugo, o segundo ato, em que o português e o brasileiro se encontram, sem achar um ponto

---

tória de uma Moça Rica, de Francisco Pinheiro Guimarães; "Lusbela" é a protagonista do drama homônimo de Joaquim Manoel de Macedo. Observe-se que a palavra *whore*, empregada por Shakespeare, havia sido mencionada por Álvares de Azevedo em um dos seus artigos sobre o teatro, de onde talvez Paulo Eiró a recolheu.

de convergência. As diferenças são demasiadas: de procedência, de cor, de nível social.

Nisto, na véspera do 7 de Setembro, D. Pedro viaja para Santos, levando na comitiva os três homens. O último ato, denominado "Independência ou Morte", passa-se na manhã seguinte, num "pouso na estrada de Santos", que podemos perfeitamente situar às margens do Ipiranga. Aires voltou e está dormindo. Luisa veio em seu encalço (ou do irmão, não fica bem claro). Instada pelo namorado, decide partir com ele, não obstante a sua pureza moral. O "amor-paixão", diria Stendhal, fala sempre mais alto, não precisando de outras justificativas. Rafael, que igualmente retornara de Santos (sem coincidências não haveria drama nenhum, nem romântico, nem realista), já não a reconhece como irmã.

Interpõe-se, então, na pior das circunstâncias dramáticas, uma súbita reviravolta de enredo, que, não tendo sido preparada pelas cenas anteriores, cai sobre o palco como uma solução *ex-machina*. Um negro, que se apresentara na pousada "com a roupa em andrajos e uma grande faca no cinto", interrogado, revela que ele, Liberato, ao ser chicoteado como escravo que é, matara o seu dono, que outro não é senão D. José de Saldanha. O caminho para a reconciliação final está aberto. É o que Rafael, generosamente, oferece a Aires:

Rafael (gravemente) – Escuta Saldanha. Deus acaba de tirar-te os bens mais estimáveis da vida. De tua família resta só uma sepultura ensangüentada. Esta terra que pisas já não te reconhece; é uma terra livre, que te rejeita com suas faixas de escravidão. Nem pátria, nem família...
Aires – Acaba, tirando o que Deus me deixa.
Rafael – Quando tinhas tudo isso, eras para mim um inimigo. Hoje, que nada tens, estendo-te a mão e digo-te: queres aceitar a minha pátria e a minha família?

Ouvem-se fora de cena "tropear de cavalos, tinir de espadas", gritos de "Independência, ou Morte! (*O príncipe e seu séquito atravessam o fundo do teatro*)" (por "teatro", leia-se, modernamente, "palco"). A palavra definitiva cabe, por direito dramatúrgico, a Rafael, o herói moral da peça: "Descubram-se, filhos... É o Brasil que passa".

Contado assim, reduzido a seu entrecho principal, *Sangue Limpo* parece esquemático e melodramático. Talvez o seja, talvez manifeste uma certa inexperiência de palco, falta de habilidade em dissimular os andaimes dramáticos. Os fins de ato, por exemplo, são em geral precipitados. Mas não o compreenderemos bem, nem lhe faremos justiça, a não ser pondo-o em seu devido contexto, que extrapola do estético para o social. Não é bem a realidade histórica, ou não é apenas ela, que Paulo Eiró pretende retratar. É pouco verossímil, para dar outro exemplo, que um português recém-chegado se case logo com uma descendente de escravos. O intuito da peça, se é que o entendemos, seria antes o de projetar perante os espectadores um alto objetivo social, no qual o Brasil pudesse um dia se reconhecer sem sentimento de culpa. Se tencionávamos, a partir de 1822, criar uma nacionalidade com fisionomia própria, não havia como escamotear os dados concretos em que ela se assentava. A fusão entre duas raças, a européia e africana (ou duas culturas, em termos modernos), deve ser encarada, portanto, como um símbolo cuja função era a de fornecer uma direção segura ao país.

Tal é a "moralidade" do drama, expresso sem ambigüidades por Paulo Eiró em seu lúcido prefácio:

penso em que o presente deve ser o preparador do futuro; e é dever de quantos têm poder e inteligência, qualquer que seja a sua vocação e o seu posto, de poeta como de estadista, apagar essas raias odiosas, e combater os preconceitos iníquos que se opõem à emancipação completa de todos os indivíduos nascidos nesta nobre terra.

É evidente que o poeta paulista considerava o 7 de Setembro um ponto de partida, e não somente um ponto de chegada. Conquistada a Independência, a luta seria agora contra os preconceitos sociais. O título *Sangue Limpo*, aliás, já diz tudo: essa herança ibérica, a da limpeza de sangue, é aquela exatamente que teríamos de negar para sermos nós mesmos.

A peça, em suma, oferece um modelo, não simples fatos. E esse modelo prima pela ousadia moral e modernidade. As personagens de Paulo Eiró não vêm da aristocracia, como as de Gonçalves de Magalhães e Gonçalves Dias, nem da alta burguesia, como as de José de Alencar. Procedem diretamente do povo. Face aos portugueses, o Brasil é representado em cena por Rafael Proença, mulato e sargento de linha. Na visão dele, ninguém, antes de 1822, era verdadeiramente livre no Brasil:

> *Rafael* – Sou filho de um escravo, e que tem isso? ...Onde está a mancha indelével?... O Brasil é uma terra de cativeiro. Sim, todos são escravos. O negro que trabalha seminu, cantando aos raios do sol; o índio que por um miserável salário é empregado na feitura de estradas e capelas; o selvagem, que, fugindo às bandeiras, vaga de mata em mata; o pardo a quem apenas se reconhece o direito de viver esquecido; o branco, enfim, o branco orgulhoso, que sofre de má cara a insolência das Cortes e o desdém dos europeus. Oh! quando caírem todas estas cadeias, quando estes cativeiros todos se resgatarem, há de ser um belo e glorioso dia.

A idéia de liberdade é, como vemos, indivisível: o todo não será de fato livre enquanto uma das partes permanecer cativa. A Independência, para Paulo Eiró, trazia embutida em seu bojo a Abolição.

É sob essa perspectiva, democrática e espantosamente igualitária para a época, que temos de interpretar o papel desempenhado na peça por Liberato, personagem simbólica a começar pelo nome. A sua passagem pelo enredo é sem dúvida pouco motivada dramaticamente, por surgir de repente para resolver todos os impasses. Mas, analisada em suas relações com a realidade brasileira, toma outro sentido. Ele retrata a sua vida pregressa em poucas e incisivas palavras:

> Liberato teve três cativeiros. Primeiro senhor dele era um velho muito bom. Dava esmola prá pobre: Liberato morria de fome. Senhor velho ouvia missa todos os dias, não saía da igreja: Liberato trabalhava sem parar, não tinha dia santo seu. Um dia branco quis fazer uma capela; não tinha dinheiro, vendeu Liberato na fazenda. Foi mulher que comprou ele. Marido já tinha morrido. Era bonita... bonita... cara de anjo... fala dela

era música. Negro apanhava todo dia, negro comia barro prá não morrer de fome, negro não tinha licença de dormir.

Essa sucinta biografia é quanto basta para que tiremos a conclusão: o indivíduo pode ter todas as qualidades como pessoa, mas, como proprietário de escravos, enxergando-os enquanto objetos, seria invariavelmente desumano.

O terceiro e último dono de Liberato, que o chicoteia e é morto por ele, é – já o sabemos – D. José de Saldanha. Conclui-se desse jeito a história do negro: "Espera, branco. Vê esta faca? ainda tem sangue... mas preto não quer mais defender a vida. Fui eu que matei Sr. D. José, e o meu nome é... Liberato (Fere-se e cai morto)".

Esse sentido simbólico, desejado pelo autor, impele-nos a prosseguir, lendo todo o episódio sob tal luz. O negro mata o português para que o filho deste possa tornar-se brasileiro casando com uma mulata. Essa seria a experiência vital do processo de abrasileiramento que está na base da nacionalidade.

Com Liberato estendemo-nos ao mais baixo estrato da sociedade brasileira, aquele no qual só a morte libera. Mas entre o escravo e os protagonistas do drama existe mais uma camada na peça, composta pelos agregados da família Proença, que com ela formam uma espécie de pequena unidade social. São dois: Onistalda, a "tia" Onistalda, cozinheira, tida pelos demais como índia, cheia de crendices e superstições; e Vitorino, afilhado de Rafael, aprendiz de alfaiate, tocador de viola, cantador de lundus e modinhas. Ambos têm alguma participação no enredo: ela entrega cartas de Aires a Luisa, no papel improvisado de alcoviteira; ele, secretamente enamorado pela moça, faz-lhe companhia em suas saídas para a rua, servindo-lhe de discreto confidente.

Sangue Limpo, se por um lado é um drama histórico com feições simbólicas, por outro, avizinha-se da comédia de costumes, na medida em que se aproxima do povo, colocando-o em ação, não o mantendo como mero espectador, a exemplo de outras peças românticas. E reproduz, tanto quanto possível, as diversas modalidades da fala popular, desde os brasileirismos de Liberato ("prá", "comprou ele") até o tratamento diferenciado dado às pessoas: "As personagens do drama tratam os interlocutores, conforme a condição de uns e outros, por *tu*, *vós*, e na terceira pessoa (*vossuncê*, *mecê*, *vossê* etc"[22]. Paulo Eiró, que se interessava pelo folclore, abarca em seu universo dramático, a sociedade de alto a baixo, de D. Pedro I, sombra que perpassa no final, ao escravo que sacrifica a vida para alcançar a sonhada liberdade.

Sangue Limpo foi encenado a 2 de Dezembro de 1861, em espetáculo comemorativo do aniversário de D. Pedro II, pela modesta companhia profissional que atuava na cidade de São Paulo e em cujo elenco só se destacava a atriz portuguesa Eugenia Infante da Câmara, futura musa de Castro Alves. Embora Affonso Schmidt diga, em sua biografia romanceada do poeta paulista, que a peça entusiasmou o público estudantil, o fato é que a única crítica publicada na ocasião em jornal foi-lhe inteira e injustamente desfavorável. Leu-se nas colunas do *Correio Paulistano*: "A empresa deu uma prova de péssimo gosto representando este drama. É um trabalho que não revela nem estudo, nem vocação, nem conhecimento da arte dramática e por isso está abaixo da crítica". José Felizardo Junior, formado pela Academia de Direito de São Paulo e homem ligado ao teatro, tendo deixado algumas peças, escreveu que Paulo Eiró, depois desse ataque desproposital, "não deu mais à estampa trabalho algum e tornou-se, se possível, menos expansivo do que nunca"[23].

Findou-se aí a carreira do dramaturgo, que viveu ainda por cinco anos antes de ser internado.

---

22. José A. Gonçalves, "Notas ao Drama *Sangue Limpo*, in *Sangue Limpo*, 2ª edição, p. 104.
23. Cf. José A. Gonçalves, "Notícia Bibliográfica", in *Sangue Limpo*, 2ª edição, pp. 12-16. Pelo que escreve o autor (p. 15), deduz-se que a crítica impiedosa deveu-se à pena de Pessanha Povoa. A sua coletânea de artigos sobre teatro e literatura, *Anos Acadêmicos*, publicada no Rio de Janeiro em 1870, apesar de referir-se ao período 1860-1864, não inclui essa crítica – na verdade nem sequer menciona o nome de Paulo Eiró.

5

Antonio de Castro Alves (1847-1871) chegou cedo ao teatro e tarde ao romantismo: escreveu a sua única peça nos moldes de Victor Hugo mas quase quarenta anos depois da rumorosa estréia do *Hernani*, efetuada em 1830. Quando deu por terminado o seu *Gonzaga ou A Revolução de Minas*, em 1867, nas vésperas de fazer vinte anos, o palco francês e o brasileiro já se haviam inclinado para outras vanguardas, que não as do drama histórico. A sombra gigantesca de Victor Hugo, no entanto, pairava ainda sobre a poesia, desculpando qualquer excesso lírico ou retórico. Daí certa contradição no perfil do poeta baiano. Se ele se manteve fiel à inspiração romântica, nos versos como no teatro, as peças que viu em cena e que fecundaram a sua imaginação pertenciam não poucas vezes à década de 1850, não à de 1830. "Dalila", talvez a sua poesia mais apreciada e recitada na época, bebe livremente nas águas da peça homônima de Octave Feuillet, da qual tirou igualmente Fagundes Varela o título do seu mais belo poema, "O Cântico do Calvário". Quanto a Marco, nome pronunciado à francesa, Marcô, personagem de muitos versos dessa terceira geração romântica brasileira, é a protagonista de *As Mulheres de Mármore*, texto teatral de Théodore Barrière e Lambert Thiboust. Todos os pormenores cênicos desses dois dramas franceses, compostos na esteira e em oposição à *Dama das Camélias*, são realistas ou se pretendem como tal. Mas o que Castro Alves enxergava neles era o fundo romântico, o mito da mulher fatal, não a que morre por amor, como a heroína de Dumas Filho, mas, ao contrário, a que leva os homens, sobretudo os jovens artistas, ao desespero e à morte, da alma como do corpo.

Castro Alves conheceu tal repertório, cuja ação decorria na atualidade e em trajes modernos, por intermédio de uma atriz e um ator portugueses. Eugênia Infante da Câmara (1837-1879) e Luis Cândido Furtado Coelho (1831-1900) influíram de modo direto sobre a vida literária nacional porque eram ambos dados às letras e ao convívio artístico, tendo tanto uma quanto o outro publicados livros no Brasil. Ele foi o iniciador entre nós do recitativo poético, que se fazia às vezes ao som do piano, nos salões familiares ou nos camarotes dos teatros. Ela, Eugênia Câmara, integrou-se à crônica literária brasileira, não por seus versos medíocres, mas ao tornar-se amante de Castro Alves, então saindo da adolescência. O encontro entre os dois, como é bem sabido, deu-se no Recife, em torno do Teatro Santa Isabel, entre 1864 e 1866. A cada um cabia um papel determinado: a atriz, em cena, recebia homenagens; o poeta, estudante de Direito em Olinda, festejava-a em nome do público. O ritual repetia-se:

> Ainda uma vez tu brilhas sobre o palco,
> Ainda uma vez eu venho te saudar...[24]

Castro Alves não ignorava o que fosse realismo teatral. A um dos seus poemas, aliás dialogado, em que impera o mais absoluto ceticismo em relação ao amor, chamou ironicamente de "Uma Página da Escola Realista". E numa espécie de folhetim dramático, intitulado "Impressões de Teatro", apontou Furtado Coelho como "o introdutor da escola realista no Brasil", aquele que tivera de lutar, ao lado de Eugênia Câmara, essa "sublime atriz", "contra as exagerações da escola antiga". Mas na hora de assinar usou o pseudônimo Antony, que remetia ao mesmo tempo a seu próprio nome, Antonio, e ao herói do mais famoso drama de Alexandre Dumas. Ou seja, ele conhecia o realismo, sabia o que ele significava em termos históricos, mas, na hora de identificar-se literariamente, escolhia o romantismo.

Não nos deteremos na célebre polêmica que envolveu no Recife, de um lado, Eugênia Câmara e Castro Alves, de outro, a atriz Adelaide Amaral e Tobias Barreto. São fatos por demais conhecidos, esmiuçados que foram por biógrafos do poeta baiano como Afrânio Peixoto e Pedro Calmon.

---

24. Castro Alves. *Obra Completa*, organizada e anotada por Eugênio Gomes, Aguilar, Rio de Janeiro, 1960, p. 436. As demais citações de Castro Alves, ou sobre ele, virão desta riquíssima fonte, salvo indicação em contrário.

Pareceu-nos, contudo, que este intróito pessoal se fazia necessário na medida em que a paixão de Castro Alves não só o aproximou muito cedo do teatro, abrindo-lhe as portas do palco e dos camarins, como acabou por repercutir na própria peça que estava escrevendo.

Concluído *Gonzaga*, começou a peregrinação para levá-lo à cena. Eugênia, já desligada de compromissos teatrais, e o seu jovem companheiro, dez anos mais moço do que ela (se é que a atriz não escondia a idade), passaram em 1867 pela Bahia, onde a chegada do casal provocou na imprensa uma nota sardônica: "Entrou neste porto a Sra. D. Eugênia Câmara, que vem com o seu satélite"[25]. Os dois organizaram uma montagem amadora do drama, que Castro Alves em carta particular julgou "uma caricatura".

Em fevereiro de 1868 eles estavam no Rio de Janeiro. O poeta, que aos poucos evoluía de satélite a astro principal, foi recebido com todas as honras literárias por José de Alencar e Machado de Assis, ou seja, naquela altura do século, o maior ficcionista e o melhor crítico literário do país. Ambos, que a propósito trocaram cartas entre si, perceberam de imediato a grandeza do visitante de 21 anos. Alencar começa enfaticamente a sua carta: "Ilmo. Sr. Machado de Assis – Recebi ontem a visita de um poeta. O Rio de Janeiro não o conhece ainda; muito breve o há de conhecer o Brasil".

Essa correspondência, por sua visão crítica, prenunciando muito do que se pensou depois sobre o assunto, merece ser transcrita, pelo menos em alguns pontos essenciais. Alencar marca de início a filiação do poeta baiano: "O Sr. Castro Alves é um discípulo de Victor Hugo, na arquitetura do drama, como no colorido da idéia. O poema pertence à mesma escola do ideal: o estilo tem os mesmos toques brilhantes". Elogia o nacionalismo da peça, um de seus traços românticos: "Palpita em sua obra o poderoso sentimento do nacionalismo, essa alma da pátria, que faz os grandes poetas como os grandes cidadãos". Observa uma certa imaturidade

---

25. Pedro Calmon. *A Vida de Castro Alves*, José Olympio, Rio de Janeiro, 1961, p. 126.

no texto: "Há no drama *Gonzaga* exuberância de poesia. Mas deste defeito a culpa não foi do escritor, foi da idade. Que poeta aos vinte anos não tem essa prodigalidade soberba de sua imaginação, que se derrama sobre a natureza e a inunda?" Entre as leves restrições que faz, avulta a referência a um certo artificialismo do enredo, em desacordo com as últimas tendências do teatro: "A ação, dirigida uma ou outra vez pelo acidente material, antes que pela revolução íntima do coração, não terá, na opinião dos realistas, a naturalidade moderna".

A resposta de Machado de Assis salienta que a fantasia própria do romantismo estava saindo de moda: "O elemento poético é hoje um tropeço ao sucesso de uma obra. Aposentaram a imaginação". O que em nada afeta o valor de Castro Alves:

Achei um poeta original. [...] A musa do Sr. Castro Alves tem feição própria. Se se adivinha que a sua escola é a de Victor Hugo, não é porque o copie servilmente, mas porque uma índole irmã levou-o a preferir o poeta das *Orientais* [...].

Os excessos poéticos, no entanto, prejudicam a linguagem dramática:

O poeta explica o dramaturgo. Reaparecem no drama as qualidades do verso; as metáforas enchem o período; sente-se de quando em quando o arrojo da ode. [...] Parece ao poeta que o tablado é pequeno; rompe o céu da lona e arroja-se ao espaço livre e azul. – Esta exuberância, que V. Excia. com justa razão atribui à idade, concordo que o poeta há de reprimi-la com os anos. Então conseguirá separar completamente a língua lírica da língua dramática.

Para Castro Alves a Inconfidência Mineira é em parte o pretexto que lhe permite abordar o problema da escravidão. Com isso, evidentemente, o drama ganhava uma ressonância moderna, abolicionista, que de outra forma não teria. Machado aprovou também essa extrapolação que, de resto, esteve nos planos teóricos de alguns inconfidentes. "Em uma conspiração para a liberdade" – escreveu o crítico – "era justo aventar a idéia da abolição".

O próximo passo do casal, ainda no ano de 1868, foi viajar para São Paulo, onde Castro Alves inscreveu-se na Academia de Direito e Eugênia apresentou-se no Teatro São José, inaugurado em 1864. Tratava-se de um edifício concebido nas proporções amplas requeridas pela arte cênica no século XIX, com mais de mil lugares. O poeta e a atriz constituíram durante algum tempo o centro do pequeno burgo, que conservava ainda muitos traços do tempo de Álvares de Azevedo. Eis a impressão causada pela cidade em Castro Alves, tal como se lê numa de suas cartas: "Eis-me em São Paulo, na terra de Azevedo, na bela cidade das névoas e das mantilhas, no solo que casa Heidelberg com a Andaluzia..."

A montagem de *Gonzaga*, em nível profissional, concentrou todas as atenções paulistanas. Eugênia iria repetir o papel de Maria Dorotéia, criado por ela na Bahia, e Gonzaga seria interpretado por Joaquim Augusto Ribeiro de Sousa (1825-1873), o maior ator dramático brasileiro após a morte de João Caetano. Castro Alves endereçou-lhe então uma carta em que define com precisão a natureza da sua peça, inclusive no que ela tinha de menos atual:

> Sabe que o meu trabalho precisa de uma platéia ilustrada. Precisa talvez mesmo de uma platéia *acadêmica*. O lirismo, o patriotismo, a linguagem creio que serão bem recebidos por corações de vinte anos, porque o *Gonzaga* é feito para a mocidade. Mesmo talvez este desnortear-me do trilho e do estilo seguidos lhe seja mérito perante tal público.

A estréia de *Gonzaga ou A Revolução de Minas*, ocorrida em outubro de 1868, foi o sucesso que se previa. Mas, por outro lado, coincidiu com o desfecho da aventura amorosa vivida pelo poeta fora do palco. Eugênia Câmara não primava pela fidelidade a seu genial amante. Comentou Afrânio Peixoto: "Dizem contemporâneos que ela lhe fora sempre infiel, sem deixar por isso de ser constante"[26]. Apanhada com um novo parceiro, ao que parece ocasional, rom-

---

26. Afrânio Peixoto, *Castro Alves*. Livraria Bertrand, Paris-Lisboa, 1922, p. 146.

peu estrepitosamente com Castro Alves, jogando na rua, pela janela, todos os seus pertences.

Nenhum dos dois teve um final de vida feliz. Ele sofreu a amputação de um pé, ferido em acidente de caçada. Recrudescendo a tuberculose que o acompanhava porventura desde a infância, enfrentou com tranqüilidade a morte, que lhe veio aos 24 anos de idade. Ela passou por transes mais demorados e sobretudo mais inglórios. Casou-se tarde com um obscuro regente de orquestra, afundou-se na bebida e chegou a manifestar em cena lapsos de memória. Ambos, no entanto, logo após a ruptura, celebraram-na em versos alusivos, assegurando alguma sobrevida a um romance que, pelas personalidades envolvidas e pelos incidentes verificados, merece ser catalogado entre os mais românticos de nossa história literária, dando à palavra romantismo o seu sentido forte, não a acepção um tanto aguada prevalente no Brasil.

Como trama dramática, *Gonzaga ou A Revolução de Minas* entretece três diferentes fios de enredo, que às vezes se embaraçam, confundindo o leitor ou espectador, não os deixando perceber com rapidez e clareza o que está acontecendo no palco.

O primeiro fio, o mais importante historicamente e talvez o mais frágil na urdidura do enredo, é o da própria Inconfidência. Castro Alves imagina-a como um movimento romanesco, idealista a ponto de não manter com a realidade pontos de apoio sólidos. Tiradentes, o mais resoluto entre os seus companheiros, prepara-se para a ação como para um noivado: "A nossa verdadeira noiva, Cláudio, é esta pobre terra, que é a nossa pátria". Quando Cláudio Manoel da Costa, o seu interlocutor habitual, pergunta-lhe se pela primeira vez na vida ele sente medo, é de novo a imagem do himeneu que lhe vem à mente: "Tenho, como o noivo antes de desfazer o véu de sua desposada. Tenho medo por ela, a minha virgem prometida". Se a metáfora da Inconfidência, para ele, gira em torno da perda da virgindade, com o seu caráter de sacrifício de sangue feito em nome do amor, para Cláudio, que se matou na prisão (ou foi morto), o encaminhamento da revolução leva-o à premonição da morte, à qual ele, conscientemente ou não, aspira. Tiradentes é o revolucionário autêntico, que deseja uma renovação total, conceito utópico herdado das duas revoluções vitoriosas do século XVIII, a americana e a francesa:

> Ah! senhores! Fogo aos quatro cantos do continente, a foice aos troncos do despotismo, a espada ao coração dos tiranos e deste incêndio tremendo voará, como das hecatombes romanas, não a águia que leve a alma do imperador, mas o condor que levante a liberdade do meu povo.

Ao que Cláudio responde, não como poeta árcade, mas como *dandy* romântico, que sofre antes do tempo o *mal du siècle*, saudando com ironia a perspectiva da morte: "Então! Amanhã à Revolução, hoje ao baile! Enquanto não podemos dar o braço à pátria, ofereçamo-lo às damas". A natureza de um e de outro são diversas, porém parecem concordar num ponto: bendita a morte, que os elevará à condição de mártires da liberdade e de símbolos eternos:

Cláudio – Todos ao banquete da morte, revolucionários!
Tiradentes – Ao pedestal da liberdade, brasileiros.

Castro Alves pensa a Inconfidência como alguém que já sabe que ela será sufocada antes mesmo de começar. E essa espécie de passividade que dá a alguns inconfidentes, essa aceitação prévia da derrota, além de enfraquecer a idéia de revolução, rebaixa o nível da tensão dramática, que deveria derivar da incerteza quanto aos resultados do levante.

É que a peça, por esse lado, toma por modelo, não as revoluções vencedoras do século anterior, mas certas concepções românticas do cristianismo, que destacam, na figura humana de Jesus, aquele que ganha ao perder, que triunfa ao sacrificar a vida pelo bem da humanidade. A derrota passa então a significar vitória, ao passo que Cristo apresenta-se como o mais puro revolucionário, a um só tempo mais espiritual e mais radical do que os outros. Atentem-se a estas palavras, trocadas entre os inconfidentes:

Alvarenga – [...] Padre, realizam-se as tuas profecias... um dia dizia-nos nos nossos pequenos serões literários que a liberdade dos povos seria uma verdade, porque o Cristo não era uma mentira.
Padre Carlos – Não era uma profecia... era a letra da Bíblia: foi o mestre quem o disse: eu vim quebrar os ferros a todos os cativos e eles serão quebrados.
Cláudio – Padre, Cristo era um belo revolucionário.

O segundo fio do enredo, o mais vivo e polêmico em 1868, está contido no título do primeiro ato: "Os Escravos". Luís, escravo liberto por Gonzaga, continua a servi-lo, como um criado que fosse também um segundo pai, dedicado e vigilante. Não lhe faltam, para o exercício dessa função que ele mesmo se outorgou, nem uma incomum sagacidade, nem uma certa cultura, adquirida ao que parece em Coimbra, onde acompanhou o poeta. A vida só não lhe está completa porque os acasos do sistema escravocrata separaram-no de sua filha, aos poucos anos de idade desta. Torna-se revolucionário ao perceber que uma nova ordem social poderia reverter essa situação.

No grupo político oposto, cujo centro é ocupado pelo Visconde de Barbacena, Governador de Minas, acha-se Carlota, escrava de Joaquim Silvério dos Reis e aia de Maria Dorotéia, noiva de Gonzaga. Muito cedo ela se perdeu do pai – e já se adivinha quem ele seja – e agora, ameaçada pelo patrão, dispõe-se a espionar e delatar os insurgentes, embora saiba que pratica uma infâmia contra Maria, que a considera amiga. A meio caminho da traição, contudo, ao sacar um rosário que herdara da mãe, descobre em Luís o pai que tanto procurara. A mudança de posição, de uma para outra facção, acaba por lhe acarretar a morte. O seu epitáfio, já como revolucionária, é dito pelo pai: "Deus te escolheu para a primeira vítima! Pois bem, que o teu sangue puro, caindo na face do futuro, lembre-lhe o nome dos primeiros mártires do Brasil".

Seria inútil negar que todo este episódio recende um forte odor melodramático, principalmente pelo modo como se dá o reconhecimento, através de um expediente tão batido que os franceses davam-lhe o nome irônico de *la croix de ma mère*. Há no presente caso, todavia, atenuantes. Os gregos antigos, quando inventaram esse enredo, usado repetidas vezes com pequenas variações pelo melodrama do século XIX, viviam em períodos de guerras constantes, nas quais não raro os vencedores aprisionavam os vencidos. Não parecia assim tão inacreditável que desaparecessem identidades pessoais, restabelecidas anos depois. Ora, na escravidão brasileira, em que homens e mulheres transformavam-se em mercadorias avulsas, também nada tinham de tão extraordinário tais desencontros e reencontros familiares. Resta, como fraqueza dramatúrgica, somente a coincidência de estarem no mesmo lugar e no mesmo instante pai e filha – mas que seria do teatro, onde tudo se passa em poucas horas e num só espaço fechado, sem as coincidências salvadoras? De qualquer forma, não há dúvida que um dramaturgo mais experiente desataria o nó com um pouco mais de originalidade.

Combatia-se a escravidão, no Brasil, por mais de um motivo. Alguns, como José de Alencar, viam nela, em primeiro lugar, uma nódoa moral que era preciso apagar porque infamava o Brasil no conceito das nações civilizadas. Era o problema visto pelo ângulo do senhor, ainda que o autor de *O Demônio Familiar* apontasse na sua comédia de 1857 o fato de que o escravo, não sendo livre juridicamente, era inimputável também do ponto de vista moral, o que contribui para a sua corrupção.

Já Castro Alves, vindo dez anos depois, assume decididamente a perspectiva do escravo. O papel principal, se encararmos *Gonzaga* por esse fio de enredo, é o de Carlota. É ela quem busca o pai, é ela que pressionada por Silvério dos Reis mata-se para resolver os seus impasses pessoais. E é ainda ela, como notou Sábato Magaldi[27], quem coloca a questão da responsabilidade, em termos muito semelhantes aos propostos por Alencar: "Os homens me perderam e eu fui apenas seu instrumento, porque eu sou escrava,

---

27. Cf. Sábato Magaldi, "Gonzaga ou A Revolução de Minas", in "Suplemento Literário", *O Estado de São Paulo*, 4 de julho de 1971.

tiraram-me a responsabilidade do crime, sem me arrancarem o remorso".

Se Carlota é a protagonista, Luís é a consciência crítica dos escravos. Cabe-lhe enunciar algumas das proposições básicas sobre o assunto. Define-se, referindo-se ao tempo em que ainda era escravo, como um objeto, "alguma coisa que está entre o cão e o cavalo", "um homem de pele preta". E define as jovens escravas não só como objetos mas especificamente como objetos sexuais: "deve ser um dia sublime aquele [...] em que as virgens murmurem sem pejo os nomes de seus amantes, porque não serão mais poluídos pelo beijo dos senhores devassos".

Apesar dessas análises, objetivadas através do enredo, contundentes porque verdadeiras, o texto de Castro Alves não deixa de transparecer vez ou outra um certo preconceito de cor. Carlota, por exemplo, é mulata claríssima ("quase tão branca como qualquer um de nós", assevera Silvério dos Reis), a exemplo de tantas heroínas românticas, tendo à frente *A Escrava Isaura* de Bernardo Guimarães. Quanto a Luís, ele alega, meio de brincadeira, que os seus cabelos alvos lhe dão, ao lado da sabedoria da idade, alguma brancura ("a velhice tem o capricho de nos fazer um pouco brancos"), como se houvesse de fato uma hierarquia entre as cores. Há no seu modo de agir, na sua submissão a Gonzaga, algo do escravo fiel, do negro de alma branca, personagem literária da época. Em suma, concluindo, Castro Alves, tal como aparece aos vinte anos em *Gonzaga*, não admitia de forma alguma a escravidão, mas talvez aceitasse, no fundo inexpresso do seu pensamento, a superioridade do branco sobre o preto.

O terceiro fio do enredo, o mais convencional e o mais resistente, o único que perdura até o último ato, tem o formato bem conhecido de um triângulo de amor, no qual dois homens disputam a mesma mulher, sendo um deles o detentor do poder.

Gonzaga, na peça, é menos o revolucionário – afinal ele foi condenado somente ao desterro – do que o poeta, o apaixonado, o artista que borda a ouro o vestido de núpcias de sua amada (detalhe pitoresco que cativou também Oswald de Andrade). Participa da conjuração, sem dúvida, porém com mais ponderação, graças a uma personalidade tendente ao lirismo e à harmonia. Escolhido pelo grupo para escapar, quando o cerco se aperta, concorda para não abandonar a noiva numa situação difícil, em que está posta à prova a sua honra feminina.

O Visconde de Barbacena, "o corvo negro da desgraça" nas palavras de Maria Dorotéia, representa o Mal, quer dizer, na economia interna do enredo, o foco seja do domínio político metropolitano, seja das perversas intenções sexuais. Ele tem veleidades literárias, cita gregos e latinos, e, como bom português que é, despreza os nativos, de modo especial os mulatos e os "botocudos repulsivos". A sua única escusa é a paixão que sente por Maria Dorotéia, com laivos já de lubricidade senil.

Pior do que ele, em todo caso, é Joaquim Silvério dos Reis, o seu acólito, o vilão por excelência, a "alma danada" da intriga e da maldade, aquele que trai os inconfidentes, seus amigos, e açula o Governador de Minas, o homem que traz estampado no físico ("cara de traidor", "olhos desconfiados, mãos traiçoeiras") o estigma moral da malignidade. Paira sempre sobre ele um halo demoníaco, desde a sua entrada em cena, quando, usando de retórica, diz chegar da "província de Satanás", até, já próximo do desenlace da peça, ao receber na cara as acusações de Barbacena: "Tu me sopras todos os pensamentos maus, tu me apontas o abismo... e quando sou presa de vertigem, de raiva e de ciúme, dizes-me: 'V. Exa., que tem este servo às suas ordens! Ah! servo do diabo' ". Ou, pouco mais adiante: "Tu decepas as cabeças de teus irmãos como um carrasco e ris sobre todos estes destinos mutilados, como o gênio do mal. E dizes que és meu instrumento. Não, tu és o braço do inferno... se não o próprio diabo!..." A fonte de todo mal já se sabe de onde jorra: do Inferno cristão.

Maria Dorotéia, pela lógica habitual do enredo, deveria ser o objeto de luta entre os dois homens. Mas, não: é ela quem se defende e defende Gonzaga, com resolução e astúcia feminina. O conflito do segundo ato, intitulado "Anjo e Demônio", trava-se entre ela e Barbacena, defrontando-se ambos pela posse de uns papéis que comprometeriam os inconfidentes, inclusive Gonzaga, que então não se salvaria. No final o triunfo é da mulher: ela queima os documentos revolucionários, entregando outros ao seu perseguidor. As derradeiras réplicas, com muito jogo de cena, dir-se-iam de comédia:

> *O Governador* (*precipita-se para a mesa da direita de onde tira as cartas*).
> – Ah! Ah! Ah! A senhora queria iludir-me... Louca. (*Ajunta-os rapidamente sobre a mesa.*) Agora é um duelo de morte... Oh! Eu sairei com as mãos cheias de sangue...
> *Maria* (*que tem queimado na vela os papéis verdadeiros da Revolução*)
> – E eu de cinzas...
> *O Governador* – E tu verás que o anjo (*voltando-se*) Oh! Maldição!
> *Maria* – Ah! Ah! Ah! Que o anjo queimou as asas do demônio.

Do mesmo teor, de jogo entre o gato e o rato em que o inferior de algum modo vence o superior, é o entrecho do quarto ato. Barbacena assegura a Gonzaga que Maria Dorotéia já se entregou a ele, exibindo como prova uma carta por ela assinada há poucos minutos mas datada de três dias antes. O poeta não sabe o que pensar, a mulher se desespera, momento em que se dá a reviravolta da situação dramática, por iniciativa de Luís que, prevendo uma cilada, escondera-se atrás da cortina:

> *Maria* – Olha para mim... Vê bem que não minto.
> *O Governador* – Olha para esta carta. Vê bem que ela não mente.
> *Gonzaga* – [...] Quem me arrancará esta dúvida que mata?!
> *Luís* (*levanta o reposteiro da direita e sai*) Eu! (*Todos conservaram-se pasmos. Ele arranca o bilhete da mão de Gonzaga e dirige-se à mesa onde o ajunta ao papel que fora rasgado*) Este papel foi rasgado daqui há poucos instantes.
> *O Governador* – Oh! Maldição!

De novo a solução, inesperada e feliz, tem toques de comédia, onde as liberdades tomadas pelo enredo são sempre maiores. E de novo Maria Dorotéia livra-se das garras do Governador que já se fechavam sobre ela. É que esta personagem, de mulher decidida e afortunada, parece ter sido escrito sob medida para fazer brilhar no palco a estrela de Eugênia Câmara, com quem Castro Alves vivia e que lhe deve ter ensinado não pouco sobre esses truques de teatro, esses golpes de efeito.

A atriz portuguesa, ao estrear no Rio de Janeiro, recebera por parte de Machado de Assis, crítico perspicaz e bem informado, o seguinte comentário: "A Sra. Eugênia Câmara tem uma esfera própria, a comédia, a comédia Déjazet"[28]. Ora, este nome, nos palcos franceses, denotava não só um intérprete teatral, Eugénie Déjazet, como todo um estilo de representar e até um gênero de peça: a comédia espirituosa, levemente picante, com a atriz principal fazendo muitas vezes o papel de homem. Este hábito do *travesti* teatral, herdado do século XVIII, chega ao público de hoje, entre outros exemplos notáveis, através do Cherubino de *Le Nozze de Figaro*, musicado por Mozart e cantado por uma meio-soprano sob as vestes de um rapazinho entre inocente e libertino.

Não é por acaso, portanto, que Maria Dorotéia, no terceiro ato de *Gonzaga*, disfarça-se com trajes masculinos, tendo por objetivo avisar os inconfidentes sobre os perigos que os rodeiam:

Maria (*mascarada*) – Meu Deus! Que noite negra! como eu tremo de susto! Ah! desgraçado de mim, se alguém me surpreende! Não! Mas ninguém imaginará que embaixo deste capote de bandido bate um seio de virgem e que esta máscara negra oculta a pele branca de Maria!...

O enredo, em momentos como esse, ameaça cair no que se poderia chamar de mascarada trágica. Carlota entra em cena, igualmente de máscara e vestida de homem, ao passo que Silvério dos Reis, referindo-se à escuridão que encobre tanto os conspiradores quanto os seus próprios sequazes – "tudo coberto, amparado, mascarado" – alude à noite como "este grande dominó", ou seja, em linguagem figurada, este baile de máscara em que mal se distingue entre o falso e o verdadeiro, o amigo e o inimigo. Esse

---

28. Machado de Assis. *Crítica Teatral*, Jackson, Rio de Janeiro, 1950, p. 92. A crítica é de 1859.

tema tornara-se freqüente no teatro desde que Gustavo III, rei da Suécia, foi assassinado numa festa à fantasia. E aqui também ocorre-nos como exemplo uma ópera, *Il Ballo in Maschera*, de Verdi, baseado num libreto de Scribe.

Maria Dorotéia, contudo, passa incólume por esta prova, como passará a seguir por outras, mantendo intacta a sua preciosa virgindade até o último cair do pano. Por esse lado o drama, confinando com a comédia engenhosa, termina bem, sem que nada separe o par amoroso. Permanece como motivo dramático unicamente o destino pessoal de Gonzaga, deixado de propósito no ar pelo autor: morte ou exílio, não se sabe o que lhe virá. Na impossibilidade de dar à peça um final infeliz, já que ele não se verificou na história (Gonzaga foi deportado para Moçambique, onde casou e prosperou), fecha-se o espetáculo com Maria Dorotéia – ou melhor, Eugênia Câmara – recitando um poema dedicado a mártires ilustres, que se estendem, na esfera humanitária, de Tiradentes a Cristo, e, na literária, de Gonzaga a Tasso e Dante.

Não há, na peça de Castro Alves, a intervenção salvadora da Divina Providência, ao contrário do que acontece no melodrama popular. Nem poderia haver, de resto, tratando-se de um projeto de independência que abortou sem dar frutos, a não ser, postumamente, na imaginação nacional. Mas Deus é uma presença constante no texto, a testemunha de todos os atos, o ponto de referência de todas as personagens, constituindo-se no sustentáculo invisível do universo fictício levantado pelo poeta. Se os homens dormem, "é Deus quem vela". Se é noite, as trevas "são as dobras do manto de Deus". Se o casal de escravos tem uma filha, "Deus parecia [...] estar num dia de ironia". Se o pai reencontra essa filha, "Deus enfim te escutou". Chorar quando se é feliz, "é provocar Deus"."Ver sem ser visto é uma semelhança com Deus". E as duas revoluções, a francesa e a brasileira, "ambas são filhas de Deus".

Muitas dessas relações entre o Criador e a criatura inscrevem-se no pensamento cristão tradicional. Outros surpreendem pela audácia poética. Gonzaga, ao contemplar a noiva, acha-se "face a face com Deus". Ao preparar as suas núpcias, acredita que "Deus acenderá a lâmpada eterna para o noivado dos meus amores". "É que possuir-te" – explica ele a Maria Dorotéia – "é sentir que a terra se azula, porque se transforma no céu [...]; que Deus é melhor porque se reflete na limpidez da tua alma".

Tal familiaridade com Deus e a freqüência com que o seu nome é invocado assustarão talvez os fiéis. Mas francamente heterodoxos, se não heréticos, são, na verdade, os anseios de amor ou de desejo sexual que Maria Dorotéia desperta no Governador de Minas. Em conversa com ela, a respeito de seus olhos, Barbacena diz que "o Criador invejaria um dos raios daqueles olhos para resplandecerem no diadema da Virgem". E em diálogo com Silvério dos Reis, em que este excita o ciúme do outro como Iago faz com Otelo, os dois homens trocam reflexões nas quais a sexualidade sobe sem pudor ao céu, chegando de forma blasfematória até Deus:

Silvério – [...] Que harmonia não terá uma palavra de amor que ela suspire... os dois amantes passearão com as mãos enlaçadas pelos campos e se entrelaçarão sobre a grama cheirosa dos outeiros... Ah! é um amor que os anjos invejarão.
O Governador (*apaixonado*) – Que Deus mesmo invejará...

Deus, visto assim, não é apenas o princípio e o fim de todas as coisas. Confunde-se com as próprias coisas, numa visão panteísta que nunca se sabe se é menos ou mais religiosa que a dos cultos organizados. Mais do que um axioma filosófico ou do que um postulado da fé, ele é, na prosa e na poesia de Castro Alves, um *topos* literário, uma figura de retórica, uma metáfora em perpétuo movimento que permite sugerir tudo aquilo que, por sua natureza inefável ou por sua intensidade infinita, seria de outro modo inexprimível. É a força todo poderosa que circunda e preenche o mundo, livrando-o do vazio e da falta de sentido existencial. Está sempre longe e perto.

Cristo, em compensação, aparece menos vezes, porém com outra luz humana. É o companheiro dos inconfidentes, "o moço de Nazaré" cuja morte na cruz justifica o sacrifício que eles se aprestam para fazer, é o anjo da igualdade e da liberdade, assim evocado:

quando o hálito do Deus vivo rasgou a cortina do templo, quando na luz dos seus olhos eclipsou-se o sol do universo, então o anjo da igualdade, agitando as asas, ensopadas em sangue, sacudiu o verbo da liberdade aos quatro ventos do céu.

Essa perspectiva grandiosa, cósmica, que se comunica com toda a história da humanidade em sua versão cristã, que respira o ar do mundo, Castro Alves deve sem dúvida, como tem sido assinalado, a Victor Hugo, o único homem, no dizer dos franceses, que tratava Deus por tu. Como deve provavelmente a Alexandre Dumas, talvez com a ajuda de Eugênia Câmara, a intenção e a ambição de escrever uma peça que use todos os estratagemas da dramaturgia romântica, da erudita como da popular, somando a destreza da comédia, as surpresas do melodrama e o peso moral dos grandes dramas sociais e nacionais.

Num último golpe de vista lançado sobre *Gonzaga ou A Revolução de Minas*, não se pode deixar de admirar a imaginação do poeta, a riqueza do seu fluxo verbal e o seu jogo contínuo de metáforas, beirando às vezes o surrealismo, como quando ele, no verso final, compara o oceano a um "enorme cão". Mas não se pode também deixar de lamentar, a exemplo do que fizeram delicadamente José de Alencar e Machado de Assis, a imaturidade técnica e mesmo humana desse dramaturgo de vinte anos, que não convence por completo nem ao delinear o bem e o mal, desenvolvidos ambos em linhas convencionais, nem ao fundir no mesmo bloco dramático um episódio fundamental da nacionalidade e um enredo interessante pelas voltas que executa. O homem de teatro tinha ainda que dar muitos passos até alcançar o poeta.

6. SÍNTESE: O DRAMA ROMÂNTICO BRASILEIRO

> *Se algum dia o historiador da nossa ainda nascente literatura, assinalando a decadência do teatro brasileiro, lembrar-se de atribuí-la aos autores dramáticos, este livro protestará contra a acusação.*
>
> José de Alencar

A relação de escritores que escreveram para o teatro entre 1838 e 1868 – as nossas datas fronteiriças – encerra os melhores poetas românticos, Gonçalves de Magalhães e Gonçalves Dias, Álvares de Azevedo e Castro Alves, além de José de Alencar, o principal romancista do período. Se adicionarmos que Fagundes Varela e Casimiro de Abreu, entre os poetas, e Joaquim Manoel de Macedo, entre os romancistas, também pagaram tributo, leve ou pesado, à dramaturgia, teremos de admitir que o teatro foi um dos gêneros prediletos do romantismo brasileiro, somente ultrapassado, na prática literária, pela poesia. Na França, a nossa mestra, a nova escola vencera no palco o velho classicismo. Tanto mais razão para que no Brasil todo escritor, fosse qual fosse a sua vocação, tentasse adquirir no teatro o seu certificado de proficiência ficcional. Escrever romances era facultativo. Escrever peças, praticamente obrigatório. Nem historiadores, como Varnhagen e Joaquim Norberto, escaparam à regra.

Tal fato explica, porventura, a precocidade estranha de nossos dramaturgos. Álvares de Azevedo e Castro Alves compuseram os seus textos dramáticos aos vinte anos. Aos 23 Gonçalves Dias traçou a sua obra-prima, *Leonor de Mendonça*, mas já contava então entre os seus guardados com dois dramas juvenis. Martins Pena inicia a carreira dramática aos 22, Agrário de Menezes e Paulo Eiró atingem o apogeu pessoal com *Calabar* e *Sangue Limpo*, aos 23 e 25. Menos precoce é Gonçalves de Magalhães, estreando no palco, com *Antônio José,* aos 27. E José de Alencar, com *O Jesuíta,* escrito aos 33 anos, faria figura de macróbio, se não soubéssemos que ele estava antes despedindo-se do que ingressando no teatro.

Esses números, no entanto, bem examinados, revelam-se enganosos.

Os nossos poetas e romancistas passavam cedo pela literatura dramática mas não chegavam até o palco, a não ser por exceção. Alguns foram logo arrebatados pela morte: Álvares de Azevedo, Castro Alves, Agrário de Menezes. Martins Pena mudou de registro, do dramático para o cômico. Paulo Eiró, coitado, enlouqueceu. Mas mesmo os que não tiveram tropeços fatais acabaram por abandonar a carreira teatral que tinham abraçado com entusiasmo. É o caso de Gonçalves de Magalhães, Gonçalves Dias e José de Alencar, que sobreviveram por muitos anos aos seus primeiros ensaios dramáticos.

A verdade é que os atores brasileiros, inclusive os de maior renome como João Caetano, dependendo muito da bilheteria, buscavam os seus textos nos melodramas trançados em Paris por mãos habilidosas, com personagens marcantes e sucessivos golpes de efeito (os célebres *coups de théâtre* franceses). Ou então lançavam os olhos sobre os dramas históricos portugueses, que chegavam ao Rio de Janeiro já rodeados de um certo prestígio literário, prontos para serem saudados pela numerosa colônia lusa.

Compreende-se desse modo por que entre as 22 peças aqui relembradas tão poucas hajam subido à cena e por que apenas duas tenham conseguido obter um relativo sucesso de público. *Antônio José ou O Poeta e a Inquisição*, de Gonçalves de Magalhães, ficou no repertório de João Caetano, reaparecendo algumas vezes, por seu caráter romântico inaugural, tendo substituído pela primeira vez no Brasil a serenidade majestosa da representação clássica pela variedade do jogo de cena moderno (chamado na época acionado e hoje em dia expressão corporal). *Pedro Sem*, de L. A. Burgain, significou uma tentativa, em parte bem-sucedida, de criar em língua portuguesa um melodrama moral à francesa, contendo uma história exemplar e uma lição de fundo religioso. Não será boa literatura mas para o público era bom teatro.

De fato havia no Brasil dois romantismos dramáticos, que corriam paralelos: o dos atores, alimentado pela dramaturgia popular estrangeira, e o dos autores, que raramente chegava ao palco.

Nos primeiros tempos, na época heróica de Gonçalves de Magalhães, figura eminente, quase bom filósofo, quase grande poeta, o modelo que persistia ainda era o da tragédia clássica, apenas trincado pelo romantismo. As peças já não se restringiam às unidades de Boileau. Mas fechavam-se enquanto estrutura, não empregando mais do que cinco ou seis personagens, dispostas em plano idêntico e enlaçadas pelo enredo linear, com um só ponto de resolução, colocado se possível no quinto ato (é em *Olgiato* que estamos pensando).

Martins Pena (na sua rápida e prolífica passagem pelo drama) e Burgain expressam a vontade de quebrar esses apertados contornos clássicos, ingressando no teatro comercial pela porta larga do melodrama. Alongam o entrecho, fazendo a sombra do passado repercutir sobre o presente. Aumentam o número de personagens para vinte ou trinta, distinguindo três planos: o central, o secundário e o de mera figuração. Expandem o papel do vilão, que passa a ser o eixo do enredo. Viram pelo avesso por três ou quatro vezes a situação dramática, alternando na posição de força ora os protagonistas, ora os antagonistas, criando assim no público medo e expectativa, embora compensados ambos pela certeza de um final feliz. O diálogo, sempre em prosa, recorre a frases ao mesmo tempo óbvias e pomposas, para serem facilmente entendidas e para causarem impressão de profundidade moral. Quanto ao espetáculo, enriquece-se com cenários elaborados, efeitos de luz (com uma certa queda pelo incêndio no horizonte), números de música, canto e dança, tendo por limite a ópera.

Joaquim Norberto (1820-1891), no primeiro ato do seu *Amador Bueno ou A Fidelidade Paulistana*[1], escrito em 1843, não hesitou em colocar no palco um brinde cantado em coro, como se se tratasse efetivamente de uma ópera italiana. Eis a cena:

> Diversos convidados que assistem ao festim, criados que os servem. Uns assentados e outros em pé em torno de uma mesa, já no fim do festim, com copos empunhados e a cantarem [...]

Todos –
   Os copos enchendo
   Provemos
   Libemos
   O doce licor
   Que traz alegria
   Que tudo extasia
   Desterrando a dor.

Esse é o lado operístico do drama romântico brasileiro. O melodramático não se acha longe no texto de Joaquim Norberto, cabendo dentro de um diálogo, que, mesmo privado do contexto cênico, nada perde de sua carga de mistério, heroísmo e fatalidade:

> – Dizei-me, porém, o vosso nome.
> – Tu o saberás, dir-te-ei quando, cruzadas as nossas espadas, a morte esvoaçar em torno de nossas cabeças.

---

1. Joaquim Norberto de Sousa e Silva, *Amador Bueno ou A Fidelidade Paulistana*. Empresa Tipográfica de Paula Brito, Rio de Janeiro, 1855.

– E a qualidade do duelo?
– De morte.
– As armas?
– Nossas espadas.
– O tempo?
– Amanhã, às 8 horas do dia!
– O lugar?
– Aonde nos encontrarmos.
– As testemunhas?
– Deus e o povo.
– Deus e o povo!

Ópera, melodrama – tudo em vão! O destino de *Amador Bueno* não foi muito melhor que o dos outros dramas nacionais. O próprio Joaquim Norberto, na introdução à edição da peça, narrou os fatos:

> Foi *Amador Bueno* um triunfo para seu autor? Abriu-lhe as portas do teatro? Escolhido para ser representado na abertura do Teatro São Francisco em sua restauração, o Conservatório Dramático Brasileiro adjudicou-lhe a preferência sobre outras composições por quinze votos contra três, em sua sessão de 19 de Julho de 1846. No dia 19 de Setembro subiu ele à cena, e no dia 20 do mês seguinte, repetiu a sua representação no Teatro de Santa Teresa, em Niterói. Depois dessas duas representações o primeiro ensaio do autor sumiu-se no meio dos aplausos espontâneos e não preparados de antemão, e foi esconder-se, e para sempre, entre as velhas e decaídas peças do repertório nacional.

O Gonçalves Dias de *Leonor de Mendonça* e o Álvares de Azevedo de *Macário,* nem seria preciso dizê-lo, nada têm a ver, a não ser em termos cronológicos, com esse ciclo melodramático e operático, que, aliás, na prova de palco, sucumbiu de modo geral como os outros, pela boa razão de que não é melodramaturgo quem quer. Esse dom, do sucesso popular, costuma ser outorgado, pela fada do teatro comercial, unicamente aos habitantes dos grandes centros dramáticos.

As quatro peças deixadas por Gonçalves Dias destacam-se porque são as únicas no Brasil que se movem exclusivamente em torno do amor, tomado na sua vertente mais romântica, a do amor infeliz. Não se trata, portanto, daquele sentimento simples que une dois corações adolescentes e divide as demais pessoas em benfazejas e malfazejas. O conflito, neste teatro, instala-se dentro do próprio amor, não fora dele. Pode até ser o amor pecaminoso, como o de Francisco pela filha em *Beatriz Cenci*. Nos outros dramas, a mulher cinde-se entre o amor oficial, ao noivo ou ao marido, e o verdadeiro amor, condenado pelas normas sociais. Ela luta para manter-se fiel à palavra empenhada – pelo pai, quase sempre – mas acaba vencida por uma força que, contrariada, leva à destruição e à morte. O duque, em *Leonor de Mendonça,* mata a duquesa, o rei, em *Boabdil,* não só mata a rainha como provoca a queda da cidade de Granada, o último bastião do poder árabe na Espanha. Há, em tais peças, um pano de fundo histórico, porém mantido à distância, com pouca visibilidade, porque a atenção do poeta volta-se para a dialética do ciúme. O problema do emprego do verso ou da prosa, suscitado no prólogo de *Leonor de Mendonça,* resolve-se através do uso da prosa poética, cujo teor lírico contrai-se ou expande-se, diminui ou cresce de intensidade, conforme os acontecimentos mostrados em cena.

Quanto a *Macário,* afasta-se não apenas do melodrama, como do próprio teatro. Entre as obras que Álvares de Azevedo cita como afins à sua unicamente uma passou pelo palco – *A Tempestade*, das menos ortodoxas entre as peças de Shakespeare. As outras são poemas ou narrativas. Não se aplicam ao texto, portanto, por decisão do autor, as categorias estéticas pelas quais habitualmente se aferem os produtos dramáticos. Enredo propriamente não há e personagens, no sentido costumeiro de continuidade ficcional, também pouco existem, não restando então, como na poesia lírica, não mais do que o autor e o leitor face a face, defrontando-se em torno de idéias e sensações. Fala-se sobre virgindade (do corpo e da alma), sobre o amor da mãe pelo filho, discute-se a divindade (a sua contraprova chama-se Satã), comenta-se a literatura, que pode ser boa mesmo quando os sentimentos que a nutrem não o são. O poeta desnuda-nos as suas jovens perplexidades metafísicas e artísticas, com o seu protagonista ora em estado de vigília, ora de sonho (e pesadelo).

Chegamos enfim ao drama que tem por objeto a nação ou a nacionalidade brasileira. Já estamos entre 1858 e 1868, decorridos três ou quatro decênios da proclamação da Independência. O nosso romantismo dramático estivera até então ocupado com regiões longínquas, no espaço e no tempo. Gonçalves de Magalhães escreve sobre uma obscura conjuração na Itália; Martins Pena, sobre Vitiza, o Nero da Espanha; Burgain e Teixeira e Sousa, sobre os Cavaleiros Teutônicos; Gonçalves Dias, sobre Patkul, o herói da Livônia, e Boabdil, o anti-herói árabe.

Alguns desses dramas aproximam-se do Brasil, como *Antônio José* e *Leonor de Mendonça*, na medida em que decorrem em Portugal. Outros, por exceção, têm o Brasil como cenário. Por exemplo, o *Itaminda* de Martins Pena e o *Cobé* de Joaquim Manoel de Macedo, buscando ambos no palco uma saída para o indianismo, que não se revelará viável; o *Fernandes Vieira ou Pernambuco Liberado,* de Burgain, peça precursora, sem dúvida, mas contaminada em excesso pelo melodrama; e os dois *Amadores Buenos*, de Varnhagen e Joaquim Norberto.

Agora, no início da segunda metade do século XIX, cabe a vez ao Brasil. A fórmula do drama histórico já se consolidara. Como núcleo, uma idéia sobre o nosso país, inspirada em algum episódio, verdadeiro ou suposto, da história nacional. À volta dessa imagem primeira, circulam personagens, reais algumas, fictícias a maior parte, cujos conflitos, tanto individuais quanto coletivos, determinam o enredo dramático. O par amoroso é presença constante, mas sem que se atribua ao amor maior importância, a não ser para originar ou incrementar a trama. Na camada exterior da peça figuram pessoas do povo, que fazem um pouco o papel do coro na ópera, como caixa de ressonância dos acontecimentos. Observe-se o que escreveu José de Alencar, defendendo *O Jesuíta* da pecha de só conter diálogos:

Há muitas cenas de três ou quatro personagens; há cenas duplas; e não faltam para encher o palco cenas, como os fins do segundo, terceiro e quarto atos, que se representam no meio de aparatos de soldados e frades. A última cena especialmente, concertada como exige a peça, deve ser de grande efeito. A religião em toda a sua pompa e solenidade afrontando o poder das armas[2].

O povo entra nesses casos para enriquecer o espetáculo e conferir ao que se vê maior alcance social.

Agrário de Menezes, entre os autores estudados, é o que mais recua no tempo. Vai buscar no Nordeste do século XVII um protagonista ambíguo, *Calabar*, que luta pelos portugueses ou contra eles, porque, mulato, não sabe qual é o seu lugar exato na sociedade colonial. Colhido por suas contradições internas, herói e vilão, só lhe resta, antes de morrer, augurar um Brasil diverso e livre, onde todos os nativos da terra se sintam em casa.

Na ordem cronológica – dos fatos postos em cena, não da feitura das peças – José de Alencar vem a seguir. Em *O Jesuíta* ele postula a existência de um membro da Companhia de Jesus que em meados do século XVIII tece durante anos uma conspiração, tendo em vista libertar o Brasil do domínio português. A função da América, segundo essa concepção poética, seria a de abrigar em seu solo generoso os excluídos da civilização européia, como os ciganos e os indígenas. Estes últimos tocavam fundo no coração romântico de Alencar, que via neles a nossa autêntica ancestralidade, pura e nobre. A conspiração fracassa, mas não sem que antes o herói da peça anteveja profeticamente o dia em que o Brasil nascerá enquanto nação. A peça pressagia assim 1822, como a de Agrário já o fizera.

Castro Alves acerca-se mais da Independência. *Gonzaga ou A Revolução de Minas*, como o título indica, aborda a Inconfidência Mineira, que em 1789 ousou realmente sonhar com a nossa emancipação política. Escolhendo um poeta para protagonista, o autor incorporou ao seu universo dramático o prestígio da literatura. E ao contar a história de um negro liberto que após muito tempo reencontra a própria filha, escrava que tem de trabalhar contra a revolução pela qual o pai se bate, traz ao primeiro plano a Abo-

---

2. José de Alencar, *Teatro Completo 1*. Serviço Nacional de Teatro, Rio de Janeiro, 1977, p. 167.

lição, o tema social que começava a ocupar polemicamente o centro das atenções nacionais.

Já *Sangue Limpo* encara o 7 de Setembro – mas não de frente, de esguelha, se assim podemos dizer, dado que nessas peças era de praxe manter-se um certo recuo artístico perante a realidade histórica. D. Pedro I desfila em cena, porém não mais do que como uma silhueta que atravessa o fundo do palco ao fechar-se o espetáculo. O seu gesto emancipador, no entanto, está desde o início no pensamento de todos, portugueses e brasileiros, como uma possibilidade que diz respeito ao destino particular de cada um. Paulo Eiró, o mais avançado destes escritores no plano das idéias e das aspirações igualitárias, não se contenta com a Abolição. Deseja que se faça abertamente, através do casamento, a fusão das duas raças, a branca e a negra, que para ele constituem a base da nacionalidade. O Brasil não seria ele mesmo, não se unificaria, enquanto não repudiasse a noção ibérica de sangue limpo, que pressupõe, como oposto, o conceito odioso de sangue sujo.

O drama histórico nacional nunca esteve isento de contaminação com o melodrama. Mas o diálogo que os autores estudados sustentavam fora de cena, em cartas, artigos, notas, já era com o teatro realista. A ambiciosa perspectiva romântica que não se pejava de incluir reis e heróis entre as suas personagens, cedia lugar a uma visão mais curta, próxima do cotidiano, ligada a uma espécie de verossimilitude fácil de avaliar. O dinheiro, em suas relações com o amor e o casamento, entrara no palco nacional através de peças de José de Alencar, como *O Demônio Familiar* e *O Crédito*.

Nesse sentido a obra dramática de Agrário de Menezes, Paulo Eiró e Castro Alves pode ser considerada como o produto de escritores retardatários, que, morando na província, longe do Rio de Janeiro, o nosso centro literário, não tinham acompanhado devidamente a evolução do teatro. Se isso é verdade, ou parte da verdade, não é menos certo que somente o drama romântico, por sua abertura de forma e conteúdo, dava-lhes condição de discutir a essência da nacionalidade. A contraprova é que Alencar, quando pensou em celebrar a data da Independência, recorreu ao drama histórico, aliás em termos romanticamente utópicos. Por outro lado, o temperamento literário de alguns desses escritores, se não de todos, prestava-se melhor ao campo do ideal. É difícil imaginar, por exemplo, Castro Alves dedicando-se ao namoro, ao casamento ou mesmo ao adultério burguês. O dilatado e por vezes fantasioso espaço histórico era-lhe necessário, tanto quanto o uso livre da metáfora. Em suma, o romantismo principiava a passar, mas desempenhava ainda uma função insubstituível na ficção brasileira: a de abrir ao dramaturgo uma realidade poética de vastos contornos humanos e sociais.

Se considerarmos agora o drama romântico brasileiro como um todo, concluiremos que a idéia de liberdade, modulada de diferentes maneiras, é a nota dominante, estando no seu princípio e no seu fim. Com Gonçalves de Magalhães ela é posta em cena como um princípio universal, que não se relaciona com o Brasil senão indiretamente: a liberdade contra a tirania política em *Olgiato*, a liberdade contra a tirania religiosa em *Antônio José ou O Poeta e a Inquisição*. Nas duas peças ela é concebida como condição *sine qua non* do desenvolvimento intelectual, expresso pela filosofia, súmula e coroamento do saber humano. Tal preocupação literária, não é preciso acrescentar, coincide historicamente com a luta entre liberalismo e absolutismo, que dividiu sangrentamente Portugal e Espanha, chegando de forma atenuada ao Brasil.

Para os escritores seguintes, Martins Pena, Burgain, Gonçalves Dias, Álvares de Azevedo, a questão não se coloca. A liberdade dentro do país parecia assegurada e a data de Independência não se afastara ainda o suficiente para que se tornasse matéria artística. O romantismo toma outros caminhos, o melodramático, o lírico, o fantástico.

A idéia de liberdade retorna com mais força, vinculada sem disfarces ao Brasil, à medida que a sociedade, um tanto às cegas, encaminha-se para a Abolição de 1888. José de Alencar propõe uma fórmula vaga e genérica: que se receba na América os rejeitados pela Europa, especificando os ciganos e os indígenas. Agrário de Menezes levanta como problema a situação anômala do mulato, intermediário entre o branco e o negro (tema tratado por Alencar no drama realista *Mãe*). Castro Alves já é um abolicionista declarado e ardente. Paulo Eiró vai além: que se faça sem hipocrisias e constrangimentos a fusão entre brancos e pretos. Naturalmente essa ordem não é a cronológica, nem presume que haja entre tais peças relações de causa e efeito. O que ocorre é apenas o crescimento do pensamento abolicionista, que no final do século, a rigor fora dos limites estéticos do romantismo, empolgará a consciência nacional. A igualdade jurídica estende-se finalmente a todos os brasileiros, eliminando a contradição de um país que se proclama livre, negando esse direito a uma parte de sua população.

O conceito de liberdade surge igualmente na forma da peça. O modelo da tragédia clássica francesa, que ainda transparece em Gonçalves de Magalhães, firmava-se sobre a economia e a concentração: num só dia e num só lugar, um só fato dramático (segundo a formulação de Boileau). O drama romântico alarga esses limites, podendo abranger anos inteiros e somar mais de um enredo. Em casos extremos, como o de *Macário*, perde a própria noção de centro, tornando-se, no sentido exato, excêntrico. Algumas personagens são somente nomeadas de passagem e o espaço e o tempo são propositadamente incertos. Face a essa liberdade autoral, a dramaturgia realista, sucedendo à romântica, significa um retorno à disciplina, à centralização, ao fechamento da matéria dramática em contornos bem definidos. Não se volta às unidades clássicas, interpretadas ao pé da letra, mas também já não se concede ao autor tanta liberdade de composição.

Para terminar: se disséssemos aos autores românticos, ou a quaisquer outros do século XIX, que a arte se relaciona apenas consigo mesma, não possuindo valor moral (no sentido largo da palavra), correríamos o risco de não sermos sequer compreendidos. O teatro ocidental nasceu na Grécia, com a tragédia e a comédia servindo de guia à sociedade. Mostrou depois várias outras faces, dessemelhantes entre si, mas sem nunca cortar o cordão umbilical que o prendia à realidade. Os românticos não vieram para recusar esse vínculo. Desejavam um teatro aberto, que representasse o homem em toda sua multiplicidade, incluindo na obra de arte, ao lado do político e do nacional, o grotesco, o sonho, o devaneio, o pesadelo (como em Álvares de Azevedo). Mas não eram solipsistas, não pretendiam, como parte da estética do século XX, abolir o mundo para que o artístico pudesse brotar livre de impurezas humanas.

Filosofar consiste em indagar qual é a natureza das coisas e quais são os limites do homem. Perdoemos a literatura romântica se ela também, à sua maneira, com os instrumentos privativos da arte, tentou responder a algumas dessas questões eternas.

REFERÊNCIA BIBLIOGRÁFICA

"Entre Tragédia e Drama: Gonçalves de Magalhães", sob outro título, foi publicado em *Teatro de Anchieta a Alencar*, Editora Perspectiva, São Paulo, 1993.

"O Drama de Amor: Gonçalves Dias", sob outro título, foi publicado, em seus dois primeiros itens, no caderno "Mais" da *Folha de S. Paulo*, em 20 de novembro de 1994.

"Um Drama Fantástico: Álvares de Azevedo", sob outros títulos, foi publicado, em seus dois primeiros itens, na *Revista do Instituto de Estudos Brasileiros*, n. 39, 1995; e nos dois últimos, no "Jornal de Resenhas" da *Folha de S. Paulo*, em 22 de outubro de 1995.

"O Drama Histórico Nacional", sob outro título, na parte referente a José de Alencar, foi publicado, não na íntegra, no "Jornal de Resenhas" da *Folha de S. Paulo*, em 4 de dezembro de 1995.

Todos os capítulos foram corrigidos, quanto ao conteúdo e quanto ao texto, para esta edição.

TEATRO NA PERSPECTIVA

O Sentido e a Máscara
  Gerd A. Bornheim (D008)

A Tragédia Grega
  Albin Lesky (D032)

Maiakóvski e o Teatro de Vanguarda
  Angelo M. Ripellino (D042)

O Teatro e sua Realidade
  Bernard Dort (D127)

Semiologia do Teatro
  J. Guinsburg, J. T. Coelho Netto e Reni C. Cardoso (orgs.) (D138)

Teatro Moderno
  Anatol Rosenfeld (D153)

O Teatro Ontem e Hoje
  Célia Berrettini (D166)

Oficina: Do Teatro ao Te-Ato
  Armando Sérgio da Silva (D175)

O Mito e o Herói no Moderno Teatro Brasileiro
  Anatol Rosenfeld (D179)

Natureza e Sentido da Improvisação Teatral
  Sandra Chacra (D183)

Jogos Teatrais
  Ingrid D. Koudela (D189)

Stanislavski e o Teatro de Arte de Moscou
  J. Guinsburg (D192)

O Teatro Épico
  Anatol Rosenfeld (D193)

Exercício Findo
  Décio de Almeida Prado (D199)

O Teatro Brasileiro Moderno
Décio de Almeida Prado
(D211)

Qorpo-Santo: Surrealismo ou Absurdo?
Eudinyr Fraga (D212)

Performance como Linguagem
Renato Cohen (D219)

Grupo Macunaíma: Carnavalização e Mito
David George (D230)

Bunraku: Um Teatro de Bonecos
Sakae M. Giroux e Tae Suzuki (D241)

No Reino da Desigualdade
Maria Lúcia de Souza B. Pupo (D244)

A Arte do Ator
Richard Boleslavski (D246)

Um Vôo Brechtiano
Ingrid D. Koudela (D248)

Prismas do Teatro
Anatol Rosenfeld (D256)

Teatro de Anchieta a Alencar
Décio de Almeida Prado
(D261)

A Cena em Sombras
Leda Maria Martins (D267)

Texto e Jogo
Ingrid D. Koudela (D271)

O Drama Romântico Brasileiro
Décio de Almeida Prado
(D273)

João Caetano
Décio de Almeida Prado
(E011)

Mestres do Teatro I
John Gassner (E036)

Mestres do Teatro II
John Gassner (E048)

Artaud e o Teatro
Alain Virmaux (E058)

Improvisação para o Teatro
Viola Spolin (E062)

Jogo, Teatro & Pensamento
Richard Courtney (E076)

Teatro: Leste & Oeste
Leonard C. Pronko (E080)

Um Atriz: Cacilda Becker
Nanci Fernandes e Maria T. Vargas (orgs.) (E086)

TBC: Crônica de um Sonho
Alberto Guzik (E090)

Os Processos Criativos de Robert Wilson
Luiz Roberto Galizia (E091)

Nelson Rodrigues: Dramaturgia e Encenações
Sábato Magaldi (E098)

José de Alencar e o Teatro
João Roberto Faria (E100)

Sobre o Trabalho do Ator
Mauro Meiches e Silvia Fernandes (E103)

Arthur de Azevedo: A Palavra e o Riso
Antonio Martins (E107)

O Texto no Teatro
Sábato Magaldi (E111)

Teatro da Militância
Silvana Garcia (E113)

Brecht: Um Jogo de Aprendizagem
Ingrid D. Koudela (E117)

O Ator no Século XX
Odette Aslan (E119)

Zeami: Cena e Pensamento Nô
Sakae M. Giroux (E122)

Um Teatro da Mulher
   Elza Cunha de Vincenzo
   (E127)

Concerto Barroco às Óperas do Judeu
   Francisco Maciel Silveira
   (D131)

Os Teatros Bunraku e Kabuki: Uma Visada Barroca
   Darci Kusano (E133)

O Teatro Realista no Brasil: 1855-1865
   João Roberto Faria (E136)

Antunes Filho e a Dimensão Utópica
   Sebastião Milaré (E140)

O Truque e a Alma
   Angelo Maria Ripellino
   (E145)

A Procura da Lucidez em Artaud
   Vera Lúcia Felício (E148)

Memória e Invenção: Gerald Thomas em Cena
   Sílvia Fernandes Telesi
   (E149)

O Inspetor Geral de Gógol/Meyerhold
   Arlete Cavalière (E151)

Do Grotesco e do Sublime
   Victor Hugo (EL05)

O Cenário no Avesso
   Sábato Magaldi (EL10)

A Linguagem de Beckett
   Célia Berrettini (EL23)

Idéia do Teatro
   José Ortega y Gasset
   (EL25)

O Romance Experimental e o Naturalismo no Teatro
   Emile Zola (EL35)

Duas Farsas: O Embrião do Teatro de Molière
   Célia Berrettini (EL36)

Marta, A Árvore e o Relógio
   Jorge Andrade (T001)

O Dibuk
   Sch. An-Ski (T005)

Leone de'Sommi: Um Judeu no Teatro da Renascença Italiana
   J. Guinsburg (org.) (T008)

Urgência e Ruptura
   Consuelo de Castro (T010)

Um Encenador de Si Mesmo: Gerald Thomas
   Silvia Fernandes, J. Guinsburg e Haroldo de Campos (orgs.) (S021)

Teatro e Sociedade: Shakespeare
   Guy Boquet (K015)

Equus
   Peter Shaffer (P006)

Eleonora Duse: Vida e Obra
   Giovanni Pontiero (PERS)

Aventuras de uma Língua Errante
   J. Guinsburg (PERS)

Memórias da Minha Juventude e do Teatro Ídiche no Brasil
   Simão Buchalski (LSC)

A História Mundial do Teatro
   Margot Berthold (LSC)

Impressão e Acabamento
Bartira
Gráfica
(011) 458-0255